POWER
파워 아워
HOUR

POWER

내 안의 의지 근육을 깨우는

에이드리엔 허버트 지음 · 고원 옮김

파워 아워

HQUR

위즈덤하우스

당신이 쌓은 1%의 작은 변화가
결국 모든 것을 바꿀 것이다.

목차

프롤로그 · 당신의 하루에서 1시간을 되찾는다면? 10

행복한 움직임을 찾는 시간
원하는 곳으로 나아가기

운동이 힘든 사람들을 위한 '움직임' 26
매일 아침 나를 일으켜 세우는 법 32
나만의 움직임으로 하루를 재구성하라 37
움직이면 확실히 이루어진다 42

마인드셋이 전환되는 시간
배움을 통해 나의 영역을 확장하라

나만의 학습법 찾기 55
결국 해내는 사람이 되는 법 61
질문을 바꿔야 삶이 바뀐다 68
너무 늦었다고 믿는 사람들에게 74
지금 그 자리에서부터 변화하라 81

3장 강력한 습관을 만드는 시간
습관이 나를 선택하기 전에 내가 먼저 습관을 선택하라

쉬운 선택 앞에서 잠시 멈춰라 93
의지 근육을 단련하여 강력한 습관을 만들자 99
말은 습관이 되고, 습관은 말이 된다 104
유용한 습관에 이르는 3단계 110

4장 수면의 힘을 되찾는 시간
삶을 진지하게 대한다면 잠에 대해서도 진지해져라

성공하고 싶다면 잠을 잘 자라 123
나의 잠을 감시하고 관리하라 128
'1시간 일찍 일어나기'보다 '1시간 일찍 잠들기' 133
최고의 잠을 위한 세 가지 기술 138
몸을 재우기 전에 마음부터 재울 것 146

5장

사람과 나를 연결하는 시간

나의 삶 속에 어떤 사람들이 들어와 있는가?

나는 어떤 집단에 속해 있는가 160
나를 위한 이사진을 구축하라 166
찾고, 만나고, 연결하라 172

6장

목적에 열정을 더하는 시간

나의 행동은 나의 꿈과 일치하는가?

당신이 잭팟을 터뜨릴 때 187
매일 하는 그 일이 나를 만든다 192
지금 나에게 가장 중요한 것은? 198
아무것도 하지 않는 것의 달콤함 204
돈이 먼저냐, 열정이 먼저냐? 211
두려움을 이기는 몇 가지 방법 217

7장 파워 아워를 만드는 시간

기적은 세상이 잠든 시간에 싹튼다

정말 '하루 첫 1시간'이 삶을 바꿀 수 있을까? 229
딥 워크 능력을 키우는 법 236
목표를 손에 쥐고, 만지고, 느껴라 241
파워 아워 활용법 세 가지 252

에필로그 · 나의 삶을 더욱 사랑하는 시간 258

당신의 하루에서 1시간을 되찾는다면?

삶이 원하는 방향과 정반대로 흘러갈 때가 있다. 그럴 땐 인생의 목적이나 계획마저 모두 부질없게 느껴진다. 3년 넘도록 모든 것을 바칠 만큼 간절히 원하고 노력했던 일이 물거품처럼 사라지던 날, 내 몸에서 남아 있던 에너지가 모두 빠져나가고 말았다.

나의 꿈은 대가족을 이루는 것이었다. 하지만 첫아들 주드가 다섯 살이 되도록 우리 부부는 둘째를 갖지 못했다. 할 수 있는 모든 일을 다 시도해봤지만, 매번 임신에 실패하고 말았다. 나는 꿈을 낮췄다. 대가족이 너무 큰 꿈이라면 '둘째만이라도' 꼭 낳게 해달라고.

숱한 상담과 조사, 진료와 테스트를 거친 뒤에야 우리 부부는 마침내 '시험관 아기'밖에 없다는 최종 결론에 이르렀다.

지금에야 하는 얘기지만, 시험관 임신이란 것은 인간 정신력의 한계가 어디까지인가를 알 수 있는 가장 극단적인 기회일 것이다. 인간이 절실한 상태에 놓이면 세상 그 어떤 것도 견딜 수 있다는 것을 나는 시험관 임신을 통해 알게 되었다.

그때부터 심장이 조여드는 희망 고문이 시작되었다. 몇 주 동안 감정이 극과 극을 오르내리며 몸과 마음은 거의 탈진 상태에 이르렀다. 이제 더는 견딜 수 없겠다는 생각이 몰려올 즈음, 마침내 결과가 나왔다.

"축하합니다. 임신에 성공하셨습니다."

제일 먼저 든 생각은, '간절히 원하면 이루어진다'였다. 신에게 감사하고, 온 세상 모든 것들에 감사했다.

하지만 그 행복은 딱 4주짜리였다. 그로부터 4주째 되던 날, 갑자기 통증과 위경련이 몰려왔다. 점심 무렵 통증은 점점 더 심해졌고, 나는 계속해서 고개를 저으며 "아니야, 그럴 수 없어!"라고 외쳤다. 하지만 결국은 눈앞에 닥친 현실을 받아들일 수밖에 없었다. 아기가 유산된 것이다. 오랜 희망과 몇 주간의 기쁨이 아기와 함께 한순간에 사라졌고, 나는 감당할 수 없는 고통과 슬픔에 무너져버리고 말았다.

인생에서 가장 힘들었던 그 시간이 내 삶의 모든 것을 바꾸어 놓았다. 가장 절실히 원했던 단 한 가지가 좌절되면서 결혼 생활, 경제 상태, 친구 관계, 그리고 무엇보다 나의 인생관이 온통 부정적으로 변해버렸다. 앞날을 생각할 때도 이제 내가 꿈꿔왔던 삶은 그릴 수가 없었다. 땅에 엎드려 있을 땐 터널 끝에서 새어 나오는 빛을 보기 어려운 법이다. 그땐 마음이 온통 바위처럼 굳어 있어 어떤 좋은 일이 일어나든 그저 차선책으로만 여겨졌다. 나 자신이 좀비처럼 느껴졌다. '언제까지 그러고 있을 거야?', '그냥 그대로 사라져버리고 싶어?' 머릿속에서는 온갖 목소리가 들려왔지만, 몸은 좀처럼 움직여지지 않았다. 하지만 누가 봐도 새로운 시작이 필요하고, 결국 변하지 않으면 안 되는 상황이었다.

그렇게 또 해가 바뀌고 2017년 1월 초 어느 날, 전화벨이 울렸다.
"잘 지냈어요, 에이드리엔? 나 폴이에요."
전에 함께 일했던 폴 브래디의 전화였다.
"무슨 용건이죠, 폴?"
"4월에 마라톤 대회가 열리는데, 혹시 참가할 생각이 있나 해서요."
아디다스 영국 지사의 홍보부장인 폴은 런던의 주요 마라톤 대회에서 몇 차례 상을 받기도 한 인물이었다. 대회까지는 불과 14주, 게다가 나는 평생 10km 넘게 달려본 적이 없었다. 내가 어떻게 대답했을까?

"좋아요, 참가할게요. 처음이지만….."

왜 그렇게 대답했을까? 어쩌면 무기력해질 대로 무기력해진 나 자신을 완전히 생뚱맞은 상황에 내던져보고 싶었을지도 모른다. 하지만 전화를 끊자마자 현타가 몰려오기 시작했다.

'장난해? 42km를 달리겠다고? 네가 마라톤 선수야? 야, 에이드리엔! 넌 그냥 애 엄마에 헬스 트레이너일 뿐이야. 마라톤 훈련은 또 어떻게 할 거야? 코치도 필요할 테고, 아마 프로들만 참가할걸? 그 대회에 참가하고 싶어 하는 선수들이 줄을 섰을 텐데, 네가 뭐라고? 아니, 애초에 훈련할 시간이 있기나 해? 아직 한겨울인데 밖에서 눈보라 맞아가며 몇 시간씩 달린다고? 꿈 깨고 얼른 폴한테 전화해. 생각이 바뀌었다고 말이야.'

그런데 몇 분 뒤 나는 인터넷에서 마라톤 훈련 계획을 검색하고 있었다. 그리고 몇 시간째 꼼짝도 하지 않고 앉아서 '난생처음 마라톤을 준비하는 법'에 대한 글들을 쭉쭉 읽어내려 갔다.

그전까지만 해도 이렇게 집중할 수 있는 무언가가 나에게 절실히 필요하다는 사실을 깨닫지 못했다. 정신적으로나 육체적으로나 전혀 새로운 무언가에 에너지를 온통 쏟아붓는 것이 왜, 그리고 얼마나 필요한 일인지. 지난 몇 년간 나는 오로지 생리 주기를 체크하고, 언제가 배란기인지만 계산하며 시간을 흘려보냈다. 임신에 도움되는 식단과 정자의 활력을 최적화하는 방법 등에 관한 통계와 데이터를 분석하느라 하루에 몇 시간씩 허비했다. 그때의 그 열정과 집중력을 마라톤 훈련에 쏟아붓는다면 어떻게 될까? 생애 첫 마라톤을 완주할 수도 있지 않을까?

하지만 문제는 역시 시간이었다. 마라톤 훈련을 위해서는 실제로 달리는 시간뿐만 아니라 회복 시간을 비롯하여 스트레칭, 물리치료, 부상 방지 훈련 등등 꽤 많은 시간이 필요하다. 가족은 물론이고 매주 만나야 할 여덟 명의 고객들과의 시간도 만만치 않은데, 거기에 블로그 포스트나 건강 관련 잡지에 실릴 기사도 작성해야 했다. 심지어 소셜 미디어 캠페인을 위해 브랜드 사들과 협력 관계를 맺은 지도 얼마 안 된 상황에서 저녁에 아이를 재운 뒤 칼바람 쌩쌩 부는 밤길을 1시간 동안 달린다? 죽을 노릇이겠지. 그런데 그 순간 너무도 명료하고 단순한 깨달음이 왔다.

'조금 일찍 일어나면 되잖아?'

주드는 보통 6시 반쯤 깬다. 그건 내가 늦어도 5시 반이면 집을 나서야 한다는 것을 의미했다. 그게 가능할까? 내가 해낼 수 있을까? 그러다가 나는 마침내 '한번 해보자!'라고 결심하기에 이르렀다. 어쨌든 그때의 나에겐 완전히 새로운 도전이 필요했다. 그리고 그 시작은 하루 속에 숨어 있던 1시간을 되찾는 것부터였다.

아침 일찍 일어나면서 생겨난 파워 아워, 그 1시간이 어떤 기적을 불러왔을까? 앞으로 이 책 전반에 걸쳐 그 이야기를 해나갈 것이다. 결론부터 말하자면, 인간관계에서부터 직업에 이르기까지, 아니 상상할 수 있는 거의 모든 것들이 전부 다 바뀌었다. 되찾은 그 1시간 동안 나는 더 많은 글을 읽고, 팟캐스트를 듣고, 온라인 강의 과정을 이수하고, 마라톤 훈련에 스트레칭, 명상, 일기, 심지어 이 책까지 썼다.

여기서 잠깐, 파워 아워는 오전 5시 기상에 관한 개념이 아니다. 미친 듯한 생산력에 관한 것도, 매일 아침 식사 전에 8km를 달리는 일에 관한 것도 아니다. 사실 몇 시에 일어나건 시간 자체는 아무런 상관이 없다.

한마디로 파워 아워는 마인드셋이다. 언제나 기꺼이 선택하고 과감하게 행동하도록 스스로 단련하는 것, 그리하여 인생의 목표에 좀 더 집중함으로써 원하는 삶을 만들어 가는 방법에 관한 것이다. 돌이켜보면 파워 아워를 몰랐던 때에는 지금 내가 누리는 삶을 상상조차 할 수 없었다. 내가 무엇을 얼마나 해낼 수 있을지, 내 삶에서 가능한 것이 무엇인지도 나는 전혀 알 수 없었다. 어떡하든 생활을 위한 활동은 계속하되 '달릴 수 있는 1시간'이 더 필요했기에 나는 세상이 아직 잠들어 있는 5시 반에 눈을 뜨기로 했고, 그렇게 나의 파워 아워가 시작된 것이다. 결과적으로 파워 아워는 절망에 빠져 있던 나에게 엄청난 반전의 디딤돌이 되어주었다.

현재 나는 건강관리 업계의 코치이자 브랜드 컨설턴트, 동기부여 연사, 팟캐스트 호스트로 활동하고 있으며, 애플(Apple), 아소스(ASOS), 바클레이즈(Barclays) 등 여러 글로벌 기업의 직원들을 대상으로 강연했을 뿐만 아니라 파워 아워 팟캐스트에서 백여 차례의 인터뷰를 진행하기도 했다. 또 그동안 14개국이 넘는 나라의 마라톤에 참가하여 모두 완주했다.

세상엔 마음먹은 대로 성과를 이루어내는 사람들이 있다. 수년간 다양한 업계의 리더, 창업자, 올림픽 선수, 심리학자, 혁신가, 공익 활동가들과 함께 일하면서 나는 무엇보다 그들의 일상적인 습관과 생활 수칙에 주목해왔다. 매일 아침 그들이 잠자리를 박차고 일어나게 만드는 그 불가사의한 힘은 무엇일까? 나는 오랫동안 관찰한 결과 마침내 그들만의 공통점을 발견했다. 그것은 시간이었다. 그들은 본능적으로, 혹은 그들끼리의 비밀처럼 오랫동안 파워 아워를 지켜오고 있었다.

파워 아워는 온종일 매시간을 생산적으로 살아야 한다는 얘기가 아니다. 오히려 그 반대다. 그저 하루의 첫 1시간을 온전히 활용하는 것부터 시작하면 된다. 아침에 일어나 당신이 선택한 그 무엇을 1시간 동안 해보는 것이다. 반복되는 하루하루 중에서 오로지 자기만을 위한 시간과 능력을 되찾겠다고 결심해보라.

지금 당신의 하루는 어떤가? 이메일, 문자, 업무 기한, 아이들, 심부름… 온종일 당신의 관심을 빨아 당기는 일상의 잡동사니들이 동시다발적으로 발생하지 않는가? 그러니 그런 일들이 벌어지기 전에, 세상이 아직 잠에서 깨어나기 전에 홀로 깨어 있어 보자. 바깥일 따윈 잠시 잊고 오로지 나 자신에만 푹 잠길 수 있는 파워 아워를 누려보자. 지금보다 멋진 나, 지금보다 훨씬 살 만한 삶을 만들기 위해 나 자신에게 1시간을 할애하는 것으로 하루를 시작해보는 것이다.

이 책은 움직임의 중요성에서부터 새로운 습관을 만드는 과학적 방법, 성장 마인드셋의 개발과 자신감 활성화에 이르기까지 내가 발견하고 터득한 모든 도구와 과정을 담고 있다.

나는 여러분이 이 책을 읽고 나서 각자의 삶에 크고 작은 변화를 만들고 싶다는 의욕을 느끼길 바란다. 단, 의욕만으로는 충분하지 않다는 사실을 미리 경고해둔다. 반드시 실천해야 한다!

이 책을 설명서나 도구로 여기길 바란다. 기껏 운전하는 법을 터득해놓고 뒷자리에 앉아 딴 사람에게 운전을 맡길 셈인가? 당신이 직접 운전대를 잡아야 한다. 이 책에서 어떤 영감을 얻었다면 그것을 실행하라. 다만 이 책에서 제시하는 것들은 단순히 제안에 불과하다는 사실을 잊지 않길 바란다. 성공에 이르는 왕도는 따로 없다(이 책의 뒷부분을 슬쩍 넘겨본들 컨닝페이퍼나 정답 따윈 결코 찾지 못할 것이다). 그저 이 책을 통해 당신이 한 번도 생각해보지 않은 것들을 발견했으면 한다.

각각의 장들은 순서에 상관없이 따로따로 읽어도 무방하다. 단, 연필을 들고 밑줄을 죽죽 쳐가며 읽기 바란다. 빌린 책이 아닌 다음에야 이 책을 구태여 깨끗하게 볼 필요는 없다. 이 책을 들고 다니면서 언제 어디서든 펼쳐보길 바란다. 어떤 페이지엔 커피 자국이나 케첩이 묻어 있고, 잘못해서 욕조에 빠뜨리는 바람에 쭈글쭈글해질 수도 있으며 영수증 따위가 책갈피처럼 잔뜩 끼어 있을 수도 있다. 대환영이다. 당신이 이 책을 다 읽고 나서 누군가에게 준다면 그만 한 영광도 없을 것이다. 나는 장식품처럼 커피 테이블이나 선인장 옆 책꽂이를 꾸미려는 목적으로 이 책을 쓴 게 아니다. 다만 이 책이 여러분에게 강렬한 인상을 남길 수 있다면, 그래서 한 줄기의 영감과 격려가 필요할 때마다 펼쳐 들게 되는 그런 책이 될 수 있다면 더 바랄 게 없다.

자, 이제 정식으로 파워 아워 시간대로 들어갈 준비가 되었는가? 그럼 한 손을 가슴에 대고 나 자신에게 선서하자.

"나는 절대로 스누즈 버튼을 누르지 않을 것이다!"

그렇다. 누구나 '딱 10분만'이라는 생각으로 스누즈 버튼을 누르겠지만, 늦춰진 건 10분이 아니라 하루 그 이상이다.

본론으로 들어가기 전에 한 마디, 이 책에서 딱 한 가지만 얻게 된다면, 그것이 무엇이든 여러분의 인생을 확실히 바꿔줄 만한 것이길 바란다. 우리 모두 진정으로 사랑하는 인생을 추구할 의무와 권리가 있다. 어디서부터 어떻게 시작해야 할지 모르겠다면, 그저 하루에 1시간을 되찾는 것부터 시작하자. 하루의 첫 1시간을 당신의 파워 아워로 만들어보자.

원하는 곳으로 나아가기

POWER

행복한 움직임을
찾는 시간

HOUR

1장

"초능력을 갖고 싶으세요? 그럼 당신의 하루를 '움직임'으로 시작해보세요."

럭비 선수 출신의 요가 지도자인 리치 노튼(Richie Norton)의 아침 풍경은 마치 초능력을 불러내는 의식처럼 느껴진다.

눈을 뜨면 신선한 차를 만든다.

향초에 불을 붙인다.

10분간 명상한다.

떠오르는 아이디어나 생각을 적는다.

천천히 자기만의 '움직임'을 시작한다.

'운동'이 아니라 '움직임'이다. 운동은 너무 거창하고 버거우니 그냥 움직임이라고 하자. 움직임은 그날의 일정에 따라 5분으로 끝날 수도 있고, 2시간 동안 이어질 수도 있다. 혹은 간단한 요가 동작만 마

치고 업무를 시작해야 할 때도 있고, 하이킹이나 서핑 같은 운동으로
이어질 때도 있다. 어떤 운동을 얼마나 오래 하건 상관없다. 중요한
건 그가 아침마다 빠짐없이 이어가는 자기만의 리추얼을 갖고 있다
는 점이다. 그는 이렇게 말한다.

> 인생은 언제 어디서나 계속됩니다. 어제까지의 삶이 못마땅했어도
> 당장 오늘 아침부터 달라질 수 있죠. 하루를 자기만의 리추얼로 시작할
> 수 있다면, 거기서부터 다시 쌓아나갈 수 있습니다. 아침 시간은 당신에
> 게 주어진 마법의 도구입니다. 이 시간에 당신은 좀 더 정제된 생각을
> 할 수 있고, 몸의 균형도 찾을 수 있습니다. 세상이 아직 당신에게 영향
> 을 끼치지 못하는 이른 시간에 당신은 가장 행복하고 긍정적인 감정의
> 원석을 캐낼 수 있고, 그것이 남은 하루를 결정지을 겁니다.

지난 수년간 소위 성공한 사람들을 인터뷰할 때마다 나는 똑같은

질문을 던졌다.

"성공의 가장 결정적인 열쇠는 무엇이었나요?"

그들은 약속이나 한 듯이 '하루의 첫 움직임', 즉 아침 활동이라고 대답했다. 작가이자 뉴욕 프리미엄 패브릭 케어 브랜드인 런드레스 (The Laundress)의 창립자인 린지 보이드(Linzi Boyd)는 하루의 첫 시간을 황금의 시간이라고 부른다.

"늘 그래왔죠. 나는 필라테스로 하루를 열어요. 몸의 근육과 감각을 깨운 뒤에 비로소 일을 시작하죠. 그때부터 정말 놀라운 시간이 펼쳐집니다. 하루 중 가장 에너지 넘치고 뇌가 활발해지는 시간이죠."

아침에 눈을 떠서 가장 먼저 무엇을 하는가?

사람마다 아침 풍경은 다르지만, 대부분 하루의 업무를 준비하느라 분주할 것이다. 그리고는 주어진 하루를 어떻게 살 것인가에 대해 생각해볼 겨를도 없이 곧장 세상 속으로 뛰어든다. 당신은 걷거나 계단을 오르거나 의자에 앉아 키보드를 두드리는 등 온종일 움직일 것이다. 하지만 그 많은 움직임 가운데 진정 '나 자신'을 위한 의식적인 움직임은 얼마나 될까?

이 장의 내용을 한 줄로 줄인다면 '하루에 1시간, 나를 행복하게 하는 움직임을 찾아라'가 될 것이다. 달리기나 요가 같은 동적인 움직임도 좋고, 명상이나 글쓰기, 독서 같은 정적인 움직임도 좋다. 혹은 요가와 명상, 달리기와 독서(오디오북)를 하나의 움직임으로 합칠 수도 있다. 분명한 것은 이 움직임들의 조합이 당신의 아침 리추얼로 자리 잡게 된다면, 당신의 일상과 삶의 모습은 이전과 달라질 것이다.

운동이 힘든 사람들을 위한 '움직임'

'좋아, 내일부터 나만의 움직임으로 하루를 시작해야지.'

대환영이다. 그런데 한 가지, 당신의 파워 아워에 어떤 움직임을 포함하기로 했다면, 그 움직임의 종류에 따라 마음 상태도 다르게 영향을 받는다는 사실을 이해할 필요가 있다. 가령 중간 강도(심박수가 빨라지고 땀이 나는 정도)의 운동을 20분 정도 하고 나면 우리의 뇌와 몸 속에서 실제로 신체적, 화학적 변화가 일어난다. 즉 행복 호르몬인 도파민과 세로토닌, 엔도르핀이 분비되는 것이다.

달리기를 즐기는 사람들은 '격렬한 운동 후에 맛보는 황홀감'

을 자주 느낀다. 이는 어떤 움직임이 '자기 수용 감각성 피드백 (proprioceptive feedback)'이라 불리는 양방향 인지 피드백 고리 안에서 신체뿐만 아니라 뇌에도 영향을 주기 때문이다. 결국 몸의 움직임은 마음 상태에 영향을 주고, 다시 마음 상태가 몸에도 영향을 준다는 얘기다.

당신은 어떤 움직임을 좋아하는가? 반려견 산책도 좋고, 서핑이나 자전거 타기도 좋다. 제대로 갖춰 입고 헬스장에서 이런저런 기구를 들어 올리는 운동만 고집할 필요는 전혀 없다. 당신의 선택을 돕기 위해 지금부터 세 가지 움직임의 특징과 효과에 대해 살펴보자.

낮은 강도의 운동

만일 하루의 시작을 요가 30분으로 선택했다면, 당신의 집중력과 자신감은 한결 높아질 것이다. 잠깐, 요가 동작에 굳이 명상 과정을 끼워 넣을 필요는 없다. 요가는 기본적으로 정신 집중을 요하는 동작들로 구성되어 있다. 요가의 여러 가지 움직임을 행하다 보면 어느새 잡념이 사라지고 자연스럽게 몸과 호흡, 감정과 에너지가 좀 더 뚜렷하게 느껴질 것이다. 예컨대 팔을 앞으로 뻗으면서 숨을 내쉬고, 왼쪽 발을 뒤로 길게 빼는 동작을 상상해보라. 그 상태에서 이메일의 받은 편지함이나 오늘 저녁 메뉴 따위가 과연 떠오를까?

점점 더 깊이, 의식적으로 숨쉬기를 지속할수록 근육과 뇌에 더 많은 산소가 흘러들며 몸이 활짝 깨어난다. 몸과 뇌 사이의 양방향 피드백 고리를 기억하는가? 플랭크와 같은 정적인 동작을 하는 동안 우리 몸은 뇌를 향해 '나는 차분하고 안정적이다, 나는 이 불편함을 견딜 수 있다, 나는 중심을 잡고 있다'라는 메시지를 계속 전달한다. 심지어 몸이 힘들어지는 순간에도 '나는 참을 수 있다'라는 메시지가 점점 더 깊이 새겨진다.

이렇게 뇌에 각인된 메시지는 굉장히 강력해서 자신을 통제할 수 있다는 자신감과 평온한 감정이 남은 하루 동안 내내 지속된다.

하루를 이러한 마음 상태로 보낸다면 다른 사람의 페이스에 말려들거나 압도되는 느낌을 받지 않게 된다. 자신에 대한 통제권을 놓지 않고 있기에 보다 차분하고 안정적인 상태를 유지할 수 있기 때문이다.

근육 강화 운동

무거운 기구를 들어 올릴 때 근육으로 전해지는 그 느낌을 아는가? 나는 그런 묵직한 느낌에 푹 빠진 사람들을 많이 알고 있는데 그중엔 여성들도 꽤 많다. 이런 종류의 움직임은 종종 우리 안에 잠들어 있던 또 다른 자아를 일깨우기도 한다. 어떤 사람들은 이를 '알터 에고 효과(alter-ego effect)'라 부른다.

내가 몰랐던 또 다른 자아를 느낄 때 우리는 기존의 한계를 훌쩍 뛰어넘는 자아 확장의 기회와 마주치게 된다. 그런 점에서 특히 여성들에게 이 효과를 강조하고 싶다. 남성의 세상에서 오랫동안 '여성스러움'이라는 틀에 갇힌 채 남자보다 힘이 약한 존재로 살아온 여성들이 매일매일 무거운 역기를 들어 올린다면? 연약하던 팔과 다리에 탄탄한 근육이 붙기 시작하면서 몸이 마음을 향해 메시지를 보내기 시작한다.

'나는 강하다. 나는 힘이 세다. 나는 나 자신을 들어 올릴 수 있다.'

이른바 자기 수용 감각성 피드백이 작동하는 것이다. 바꿔 말하면 내 안에 잠들어 있던 슈퍼파워가 깨어나는 셈이다. 여성이든 남성이든, 다소 버거운 무게의 기구를 매일매일 들어 올리다 보면 신체의 근육만큼 내면에도 탄탄한 근육이 붙게 마련이다. 뻔한 말이지만, 몸이 강해지면 마음도 정말 강해진다.

심혈관 운동

나는 달리기를 '아침의 비타민'이라 부른다. 인간은 달리기 위해 태어났다. 아들을 학교에 데려다줄 때마다 여기저기 깔깔거리며 뛰어다니는 아이들을 본다. 아이들의 놀이는 당연히 달리기가 주를 이룬다. 그것이 가장 자연스러운 움직임이기 때문이다.

매일 아침 공원을 가로지르거나 강둑을 따라 달리다 보면 뇌를 향한 몸의 속삭임이 느껴진다.

'나는 자유롭다. 나에게는 목표가 있고, 나는 지금도 그것을 향해 나아간다. 나는 움직인다. 나는 행동한다.'

지치거나 스트레스를 받으면 나는 으레 신발 끈을 묶는다. 왼발, 오른발의 전진 운동과 반복적인 숨쉬기, 그리고 땅을 내디딜 때마다 온몸으로 전해지는 생동감이 나를 다시 일으켜 세운다. '가만, 내가 뭘 걱정하고 있었지? 아무렴 어때, 그게 대순가?' 달릴수록 마음 상태도 긍정적으로, 좀 더 낙천적으로 변해간다. 시간만 제대로 맞추면 어둠 속을 달리다가 문득 찬란한 일출을 맞이할 수도 있다. 단 한 번뿐인 오늘의 태양을 배경 삼아 달려보라. 고작해야 몇 분에 불과한 시간이지만, 그 순간만큼은 온 세상이 나를 위해 존재하는 것 같다. 몸 건강을 위한 달리기가 어느새 명상 차원의 움직임으로 승화되는 느낌마저 든다. 나는 매일매일 달리는 사람이 의기소침해져 있는 모습을 아직 본 적이 없다.

움직임과 에너지는 서로 영향을 주고받으며 조화를 이룬다. 화가 나거나 좌절했을 때 우리는 무의식으로 주먹을 꽉 쥐거나 팔짱을 낀다. 근육은 잔뜩 긴장하고 숨도 가빠진다. 반대로 기쁨을 느끼거나 긴장이 풀리면 자연스럽게 호흡이 느려지고 깊어지며 근육도 이완된다. 피드백 고리는 언제나 양방향으로 작동한다는 사실을 잊지 말자.

기분이 움직임에 영향을 주듯이 움직임도 기분에 영향을 준다. 즐겁고 긍정적인 기분으로 하루를 시작하고 싶다면 몸을 움직이자. 내가 어떤 움직임을 좋아하는지, 어떻게 움직여야 좀 더 행복해지는지 살펴보고, 그 움직임들로 나의 리추얼을 구축하는 것이다.

언제든 마음 상태를 바꾸고 싶다면, 벌떡 일어나 숨을 깊이 들이마시거나 팔을 위로 쭉 뻗고, 걷고 스트레칭하고 춤을 추자.

매일 아침 나를 일으켜 세우는 법

새로운 움직임의 규칙을 만들 때 가장 먼저 해야 할 일이 있다. 자신이 진정 성취하고자 하는 것이 무엇인지 솔직하게 물어봐야 한다. 다시 말해 목적의식을 선명하게 떠올려야만 한다. 매일 아침 갈등과 망설임을 뒤로하고 이불 밖으로 나올 때마다 생각해야 하는 것이기 때문이다. 이 새로운 규칙은 다른 누가 강제로 정해준 것이 아니다. 오로지 당신 스스로 내린 선택이다.

"그래, 알았어. 하지만 지금 당장은 너무 바빠서 실천할 수가 없어."

나는 이렇게 말하는 사람을 수백 명도 넘게 만나봤다. 하지만 단언컨대, 이들이야말로 가장 파워 아워가 필요하고 규칙적인 움직임이 필요한 사람들이다. '너무 바쁜' 사람들을 위해 마련된 것이 파워 아워니까.

자, 그럼 혼자만의 공간에서, 혼자만의 시간에 자기 자신에게 이렇게 물어보라.

'이 움직임의 목적은 무엇인가?'
'이 움직임을 하고 난 뒤에 어떤 기분이 들까?'
'지금의 움직임 가운데 바꿔야 할 것은 없을까?'
'아침에 움직임을 실천하는 데 가장 큰 방해 요소는 무엇일까?'

스스로 선택한 이 움직임들은 당신을 목표에 한 발 더 다가가게 해줄 것이다. 여러 움직임을 떠올려보고 그런 움직임들이 당신의 마음가짐에 어떤 영향을 주는지, 또 어떤 움직임이 효과가 있는지 살펴보자.

그런데 이렇게 꼼꼼하게 살펴본 뒤에도 틀림없이 '꼼짝도 하기 싫은 날'이 있을 것이다. 이불 속에서 '하루쯤이야'라며 웅크리고 싶을 때마다 나는 이렇게 자문하곤 한다.

'살면서 스쿼트 한 세트보다 훨씬 힘든 일들을 줄곧 해오지 않았던가?'

알람이 울릴 때마다 나는 이 말을 떠올리며 벌떡 일어난다. 혹시 잊어먹을까 봐 어딘가 적어서 잘 보이는 곳에 붙여두기도 했다.

아침마다 규칙적으로 운동하기 위해 나는 종종 마라톤이나 트라이애슬론처럼 지구력을 요하는 대회에 참가하곤 한다. 구체적인 목표가 강력한 동기부여로 작용하기 때문이다. 그렇다, 중요한 것은 꾸준한 동기부여, 즉 매일 아침 나를 일으켜 세워줄 동력이다. 그럼 이제 여러분의 동기부여에 도움이 될 만한 간단한 팁들을 살펴보자.

'달라지는 나'를 눈으로 확인하라

가끔 생각날 때마다 이런 운동, 저런 운동을 간헐적으로 하는 경우라면 몸의 변화를 측정하기가 어려울 것이다. 하지만 이제 규칙적인 움직임을 계속하게 되었으니 하루하루 얼마나 나아졌는지를 가늠할 수 있을 것이다. 수첩이나 보드에 그날그날의 변화 수치를 기록해보자. 그래프를 벽에 붙여놓고 조금씩 상승하는 변화 곡선을 흐뭇하게 바라보자. 지난주까지 7kg을 들어 올렸다면 당신은 이제 8kg을 갈망하게 될 것이다.

무작정 믿고 따를 만한 프로그램을 갖춰라

타이틀매치를 앞둔 프로 선수를 떠올려보자. 그 선수가 '오늘 아침엔 어떤 운동을 얼마나 하지?'라고 고민할 것 같은가? 선수는 그냥 움직이기만 하면 된다. 나머지는 팀원들이 다 알아서 처리할 것이다. 잘 짜인 프로그램에 따라 어떤 음식을 얼마나 먹고, 몇 km를 어느 정도 속도로 달리고, 몇 kg을 들어 올려야 하는지에 대해 선수는 전혀 고민할 필요가 없다.

우리에게도 무작정 믿고 따를 수 있는 자기만의 계획표가 필요하다. 스스로 계획을 세우기 어렵다면 코치 자격을 갖춘 훈련 가이드의 도움을 얻어 맞춤형 프로그램을 짤 수도 있다. 아니면 하루나 이틀, 작정하고 인터넷이나 책을 통해 자신에게 가장 적합한 정보들을 모아 계획표를 만들어보자.

나를 일으켜 세울 자극을 찾아라

자극은 두 가지로 나뉜다. 원하는 목표를 향해 나아가기 위한 자극이 있는가 하면, 원하지 않는 무언가로부터 멀어지기 위한 자극도 있다. 가령 경쟁심이 강한 사람들의 경우, 이기고 싶어 하는 유형과 지기 싫어 하는 유형이 있다. 어느 쪽이 더 유리한가에 대해서는 정답이 없지만, 스스로 어떤 유형에 속하는지 살펴보기를 권한다.

날마다 나의 몸을 바라보라

자기 몸을 바라보라는 얘기는 단지 거울 앞에서 몸매를 지켜보라는 의미뿐만이 아니다. 나이의 변화에 따라 신체 기능이 어떻게 달라지는지, 현재 어디가 불편하고 얼마나 안 좋은지 등 전반적인 건강 상태를 바라보라는 뜻이다. 사람들은 50세를 훌쩍 넘길 때까지도 뇌졸중이나 심장 마비, 치매 등에 대해 그다지 심각하게 생각하지 않는다. 젊음이라는 비밀 무기를 지닌 2, 30대는 말할 것도 없다.

하지만 하루하루 이어가는 생활방식, 즉 신체 활동과 식단이 쌓여 어느 순간 경고음을 울리거나 미래의 건강 상태에 막대한 영향을 준다.

잠시 시간을 내어 앞으로 10년, 20년 후에 누리고 싶은 생활방식에 대해 생각해보자. 그리고 당장 오늘부터 그런 미래를 보장해주는 방식에 따라 살아보기로 하자.

나만의 움직임으로 하루를 재구성하라

파워 아워란 바쁜 일상에 묻혀 사라졌던 마법의 1시간을 의미한다. 나는 어렵게 되찾은 그 1시간을 주저 없이 나만의 움직임들로 채웠다. 그 결과 몸과 마음이 바뀌었고 삶이 획기적으로 바뀌었다.

"운동 좋지. 좋은 건 아는데, 나는 영 운동 체질이 아니라서."

이런 말, 지겹도록 들어봤다. 내가 '운동'이라는 말 대신 여전히 '움직임'이라는 표현을 고집하는 것은 바로 그런 사람들, 소위 몸치이거나 운동이라면 딱 질색인 사람들 때문이다. 운동은 하고 싶은데 시간이 없다고 둘러대는 사람들도 마찬가지다. 운동이라는 단어의 진입

장벽이 너무 높게 느껴진다면, 운동의 최소 단위인 움직임부터 시작해보자는 얘기다.

의사이자 《닥터스 키친(Doctor's Kitchen)》의 저자인 루피 아우즐라(Rupy Aujla)는 이렇게 말한다. "매일매일 집중적인 운동 요법을 따를 필요는 없다." 그는 또 "우리 몸은 다양한 음식을 좋아하듯이 다양한 움직임도 좋아한다"라고 말했다. 영국의 심리학자인 킴벌리 윌슨(Kimberley Wilson) 역시 자신의 저서를 통해 '움직임이 뇌를 보호한다'라는 사실을 조목조목 입증하면서 이렇게 말한 바 있다. "모든 형태의 움직임은 하나같이 효과가 있다. 중요한 것은 일단 움직여야 한다는 것이다."

움직임은 본능의 영역이며 우리 몸이 자연스럽게 원하는 것이다. 장거리 비행으로 몇 시간 동안 줄곧 앉아 있을 때 몸의 느낌을 떠올려보자. 안전띠 표시등이 꺼지면 하나둘씩 일어나 팔을 치켜들거나 하품과 스트레칭을 하지 않던가? 우리의 몸은 그렇게 움직이도록 만들어졌다. 강아지나 고양이도 잠에서 깨자마자 스트레칭부터 한다. 녀석들도 물을 마시거나 끼니를 찾는 등 생명을 위한 모든 활동에 앞서 어떤 움직임부터 시작해야 할지를 본능적으로 알고 있다.

만일 당신이 움직임이라는 개념을 적극적으로 일상생활에 도입하기로 했다면, 의외로 다양한 응용 방법을 찾을 수 있을 것이다. 예컨대 춤이라는 움직임만 해도 몸과 마음은 물론 인간관계에 이르기까지 폭넓은 치유 효과를 불러온다. 또 마음먹기에 따라 지겹고 고단한 출퇴근길을 상쾌한 움직임으로 대체할 수도 있다.

몸과 마음이 건강해지는 댄스 테라피

나는 움직임이야말로 언어의 힘을 빌리지 않고도 얼마든지 의사소통과 자기표현이 가능한 도구라고 생각한다. 예컨대 우리는 무언가를 여럿이 함께 기념하고 교감을 나눌 때 춤을 춘다. 이때 수많은 이야기와 생각, 감정들이 춤 동작 하나로 깔끔하게 표현된다. 걸음마를 뗀 아기들도 신나는 음악이 나오면 비트에 맞춰 춤을 춘다.

최근 들어 성인과 아이들 사이에 일종의 심리 치료법으로써 댄스 테라피가 인기를 끌고 있다. 댄스 테라피는 트라우마, 불안감, 슬픔, 우울감 같은 심리적 어려움을 표현하고 다루는 방법으로, 움직임과 춤을 함께 사용함으로써 비언어적 의사소통에 큰 도움을 준다.

댄스 무브먼트(dance movement) 분야의 권위자인 킴벌리 페나(Kimberley Pena) 박사는 신체적으로나 정신적으로 장애를 지닌 환자들이 댄스 테라피를 통해 치유되는 현장을 목격했다. 그녀는 불안감이나 우울감 증상 완화에 댄스 무브먼트 치료가 특히 놀라운 효과를 보였다면서 이렇게 주장한다.

"한마디로 댄스 테라피는 '과학과 예술의 놀라운 결합'이에요."

건강이란 정신과 육체 모두를 동시에 아우르는 개념이다. 의료나 전문적인 운동에 어려움을 느낀다면 댄스 테라피가 대안 치료법이 될 수도 있을 것이다.

통근 방식을 흥겨운 움직임으로 재구성하라

간혹 파워 아워 리스트에 '운동'을 끼워 넣고 싶어도 이미 다른 우선순위 항목에 밀려 대기 상태에 머물 때도 있다. 이럴 땐 기존의 일상 스케줄에 특정 움직임을 접목해볼 수 있다.

가장 좋은 방법은 통근 시간을 활용하는 것이다. 런던의 경우 하루 평균 통근 시간이 74분으로 일주일에 6시간이나 된다. 하루에 1시간이 넘는 통근 길에 사람들은 무엇을 할까? 런던 광역 당국의 보고서에 따르면 통근 길에 조금이라도 걷는 사람들이 자동차로 통근하는 사람들에 비해 행복 지수가 더 높은 것으로 나타났다. 예컨대 두세 정거장 앞에서 내려 걷는다고 쳤을 때 걷기에 따른 심장박동과 호흡의 증가, 그리고 바람과 햇빛을 누리는 외부 활동의 긍정적인 효과 등이 어우러져 정서적 만족감으로 이어지는 셈이다.

마음 단단히 먹고 집에서 조금만 일찍 나온다면 러시아워도 피하고 출근 시간을 줄일 수도 있을 것이다. 아니면 통근 방식을 자기 나름대로 재구성하는 방법도 생각해볼 수 있다. 피트니스 기업 피잇(Fiit)의 공동 창업자 새미 아대미(Sammi Adhami)는 자신이 선택한 움직임을 마음껏 누리기 위해 아예 통근 방식을 바꾸었다. 철인3종경기를 앞두고 통근 시간을 달리기나 사이클 훈련의 기회로 삼은 것이다.

"사업과 육아, 일상적인 모든 활동, 그리고 지구력 훈련까지 이 모든 것을 관리한다는 것은 주어진 시간을 좀 더 현명하게 활용해야 한다는 뜻이죠."

통근 방식뿐만 아니라 그는 종종 아이들 등하교 시간까지 재구성하기도 한다. 가령 아들은 유모차에 태우고 딸은 스쿠터에 태운 채 3~4km를 달리는 식이다.

통근 방식을 바꾸면 돈을 절약할 수도 있다. 예컨대 요금이 8파운드인 기차를 타는 대신 매일 아침 45분간 자전거로 출근한다면 한 달에 2천 파운드 이상 절약할 수 있을 뿐만 아니라 총 4천 마일에 달하는 사이클 기록까지 덤으로 얻을 수 있다.

여러분의 통근 길은 어떤가? 어떤 방식으로 재구성할 수 있는지, 전체를 통으로 바꿀 수도 있고, 상황에 맞게 일부분만 개조할 수도 있다. 여러분이 선택한 움직임을 일상에 제대로 접목할 수만 있다면 어떤 방식이든 좋다.

움직이면 확실히 이루어진다

꼭 '달리기'라야만 하는 건 아니다. 요가, 댄스, 자전거, 산책, 어떤 것이든 당신이 좋아하는 움직임이면 된다. 그 움직임들을 매일매일 꾸준히 즐길 수만 있다면, 상상했던 것보다 훨씬 많은 것들이 달라질 것이다. 가령 내 경우엔 달리기를 꾸준히 해온 결과, 이런 점들이 바뀌었다.

할 수 없는 일은 줄고, 할 수 있는 일은 늘어난다

매일 아침 고통이나 병환, 또는 질병에 시달리지 않고 잠에서 깰 수 있는 것이 얼마나 행운인지 나는 잘 알고 있다. 그 사실을 인식하게 해주는 것이 바로 달리기다. 때때로 나는 그저 달릴 수 있기에 달린다. 삶이 분주해져서 일과 마감에 쫓기다 보면 달리기보다 다른 일들을 더 우선시하고 싶은 유혹에 빠질 때도 있다. 그럴 땐 '오늘 정말 달릴 시간이 있을까?'라는 질문과 마주치기도 한다. 하지만 스스로 이런 질문을 던질 때마다 답은 항상 '그렇다'였다. 자신에게 정말 중요한 일이라면 어떡하든 시간을 내게 될 것이다. 30분 일찍 일어나야 한다고 해도 말이다.

자신감은 타고나는 것이 아니라 길러내는 것이다. 달리기를 통해 나는 열심히 노력하고 계획대로 실행하면서 충분한 시간을 들이면, 결국 하고자 했던 모든 일을 달성할 수 있다는 점을 배웠다. 나는 운동을 통해 자신감이 늘어나는 사례들을 수없이 목격했고, 그들의 삶 곳곳마다 자신감이 스며드는 것을 확인했다. 단순하게 말하면 어제할 수 없었던 것을 오늘 할 수 있다고 알게 되는 것이 자신감인지도 모른다. 힘들고 불가능해 보이는 일들이 주어질 때마다 나는 또 물어본다. '해낼 수 있을까?' 답은 항상 '그렇다'이다.

몸으로 할 수 있는 일이 무엇인지 일깨워준다

오늘날 우리는 버튼 하나로 모든 것이 제어되는 세상에서 살고 있다. 버튼만 한 번 누르면 세탁기가 돌아가고, 음식이 조리되고, 겨울에는 히터가, 여름엔 에어컨이 나오는 공간에서 마찰 없는 삶을 영위하고 있다. 과거에는 몸을 움직여야만 했던 일들도 점점 기계가 대신해줄 것이다. 그래서 역으로 그 어느 때보다 우리에게 육체적인 도전이 중요해졌다. 모든 것이 자동화된 세상에서 인간의 몸으로 할 수 있는 것이 무엇일까? 운동은 우리에게 바로 그 점을 일깨워준다.

믿고 기다리는 힘이 강해진다

처음엔 나도 달리기가 쉽지 않았다. 솔직히 초기에는 끔찍할 정도로 힘들었다. 집 주변에서 고작 3km 뛰었을 뿐인데 완전 녹초가 되었고 그만큼 좌절감도 컸다. 나는 초조해졌고 어떡하든 능숙하게 달릴 수 있기를 갈망했다. 그런 생각으로 매주 서너 번씩 계속해서 달렸고, 언제부터인가 3km 정도는 제법 수월하게 달릴 수 있게 되었다. 살면서 경험하는 대부분의 일과는 다르게 달리기의 경우, 처음에는 일직선으로 발전하면서 공들인 시간만큼 실력도 향상된다.

물론 시간이 걸리지 않는다는 말은 아니다. 달리기엔 어떤 꼼수도 지름길도 없다. 그저 달리다 보면 근육과 함께 인내심도 길러진다. 나는 모든 것이 이상적인 시간대나 스케줄에 맞춰지지는 않을 것이라는 사실을 받아들이려고 노력한다. 서두른다고 실력이 향상되지는 않는다. 때로는 시간이 걸릴 만큼 걸려야 향상되는 일도 있다. 다만 언젠가는 지금보다 훨씬 더 나아질 거라는 믿음을 갖고, 그날을 기다리며 묵묵히 나아갈 뿐이다.

아이디어가 샘솟는다

나는 사람들과 어울리는 것을 좋아한다. 늘 그래왔다. 하지만 적어도 달리는 동안만큼은 온전히 혼자가 된다. 그래서일까? 달리는 동안 참신하고 멋진 아이디어가 불쑥불쑥 떠오르곤 한다.

가끔 나는 팟캐스트도 없이, 플레이리스트나 내 통계를 추적하는 시계도 없이, 그야말로 아무런 기계도 없이 맨몸으로 달린다. 이 책을 쓰기 전에 나는 '어떤 이야기를 독자들과 공유할까?' 생각해봤고, 달리기를 마치고 돌아오는 즉시 떠올랐던 단상들을 당장 녹음하거나 노트에 기록하곤 했다. 지금 여러분이 읽고 있는 이 책 곳곳에 그 아이디어들이 녹아 있다. 집중을 방해하는 요소들로 가득 찬 세상에서 한 가지에 마음을 쏟을 수 있다는 건 실로 초능력이 아닐 수 없다. 비록 내가 명상의 대가는 아니지만, 딴 데 정신을 팔지 않고 달리는 것만으로도 집중력이 오르고, 또 그만큼 아이디어들이 샘솟는다.

잘 넘어지는 법과 잘 일어서는 법을 가르쳐준다

나는 2018년 베를린 마라톤에서 완주하지 못했다. 내가 겪었던 실패 중에서 가장 큰 실패이기도 하다. 계획도 꼼꼼하게 짜고, 훈련도 철저히 수행했지만, 뜻밖의 발바닥 부상으로 인해 완주에 실패한 것이다. 사실은 16km 지점에서 이미 통증이 극에 달했었고, 그때 경기를 멈췄어야 했다. 결국 25km 지점에 이르러서야 나는 절뚝거리며 트랙에서 벗어날 수밖에 없었다.

처음엔 완주하지 못했다는 사실을 사람들에게 알리기가 창피했다. 하지만 어쨌거나 이 경험을 처음부터 끝까지 소셜 미디어에 공개할 수밖에 없었다. 나는 언제나 최선을 다하라고, 인내하고 극복하라고 부추기는 역할을 해온 사람이었다. 게다가 많은 사람이 내 훈련에 자극을 받아 달리기를 시작하거나 대회에 참가하기도 했다. 그런데 이제는 마치 사기꾼, 패배자가 된 것만 같았다.

하지만 그거 아는가? 사람들은 당신이 결승선을 넘건 못 넘건 상관하지 않는다는 사실을. 그 순간 자신에게 부정적인 압력을 넣을 수 있는 사람은 오로지 자기 자신뿐이다. 과감한 도전이나 획기적인 도약을 시도하는 사람에겐 언제든 실수나 부상, 실패가 발생할 수 있다.

나는 그날 아침에 출발선에 서 있었다는 사실과 전력을 다하고 최선을 다해 달렸던 것을 자랑스럽게 생각한다. 다치거나 뜻밖의 통증이 몰려오거나 대회 날에는 그 어떤 일이든 벌어질 수 있다. 마라톤이란 큰 용기가 필요한 운동이다. 나는 전에도 마라톤을 했고, 앞으로 얼마든지 도전할 것이라는 사실도 알고 있다. 달리기가 내게 실패하는 법을 가르쳐준 것에 나는 언제나 감사한다.

자유를 누릴 수 있다

언제든 마음만 먹으면 당신은 잡생각이나 업무, 스트레스, 소음에서 벗어나 어디든지 달릴 수 있다. 부모의 책임감, 파트너로서 상사로서, 혹은 친구로서 짊어져야 할 책임감을 모두 벗어던지고.

자신에게 주어진 그 모든 역할을 사랑하면서도 동시에 타인들의 기대로 인해 압박감을 느끼는 것도 정상이다. 고독을 갈망하거나 매일 아침 혼자만을 위한 시간을 낸다고 해서 죄책감을 느낄 필요는 없다.

처음 달리기를 시작했을 때만 해도 나는 하루에 불과 20여 분밖에 안 되는 그 혼자만의 시간이 얼마나 소중한 것인지 미처 깨닫지 못했다. 하지만 살아가면서 이런저런 시련과 인생의 무게가 느껴질수록 하루 20분, 혼자 달리는 그 짧은 시간이 너무도 귀하게 여겨지기 시작했다. 물론 달리기가 하룻밤 사이에 내 인생을 확 바꿔준 것은 아니다. 내가 운동화 끈을 묶는 순간 나의 모든 문제가 사라진 것도 아니다. 인생은 나이키 광고가 아니다. 그러나 지금 와서 힘들었던 시절을 회상해보면, 내게 그 20분이 얼마나 필요한 것이었는지 확실히 알 수 있다. 어떤 날은 내 인생에서 도망치고 싶었고, 문자 그대로 모든 것으로부터 달아나고 싶은 날도 있었다. 그렇기에 혼자 나가서 달리는 20분은 그런 재앙적인 생각에서 벗어나고, 두려움과 책임감에서 벗어날 수 있는 해방의 시간이 되어주었다. 우리에게 크건 작건 자유가 필요하다. 운동은 자유를 느낄 수 있는 훌륭한 시작점이 될 것이다.

파워 아워의 움직임에 관한 이야기는 여기까지다.

중요한 것은 어떤 움직임이 당신의 기분을 좋게 만들어 주는지 알아내는 것이다. 운동을 '노력이 필요한 일'이나 '하기 싫은 일'로만 여겨 왔다면, 하루의 첫 1시간에 5분간의 움직임이라도 포함해보길 권한다. 당신의 아침에 운동이 포함되는 순간부터 몸과 마음이 받을 수 있는 혜택을 상상으로나마 미리 누려보길 바란다. 더 많은 에너지와 활기를 느끼고 싶다면 당연히 더 많이 움직여야 한다. 수면의 질을 높이고 싶다면 더 많이 움직여야 한다. 자부심과 자신감을 높이고 싶다면 자기 자신과의 약속을 실행으로 옮겨보자. 확실히 움직이면 이루어진다.

배움을 통해 나의 영역을 확장하라

POWER

마인드셋이
전환되는 시간

HOUR

2장

"왜 어떤 사람은 쉽게 포기하고, 어떤 사람은 절대 포기하지 않을까?"

나는 그게 늘 궁금했다. 시련이 닥치면 그냥 좌절하는 사람, 시련 앞에서 오히려 더 힘을 내는 사람, 도대체 무엇이 그런 차이를 만들어낼까?

어느 해에 대서양을 가로지르는 비행기 안에서 나는 드디어 해답을 찾았다. 그때 나는 《마인드셋》이란 책을 들고 있었고, 마지막 장을 넘기는 순간 심장이 터질 듯 쿵쿵거렸다. 저자인 캐롤 드웩(Carol Dweck)의 주장은 너무도 명쾌했다. 즉 우리의 삶은 '고정 마인드셋'을 가졌느냐 '성장 마인드셋'을 가졌느냐에 따라 궤적을 달리한다는 것이다.

고정 마인드셋을 가진 사람은 자신의 성격이나 기술, 창의적인 능력 등이 고정되어 있다고 믿으며, 따라서 정해진 능력만큼만 살아갈 수밖에 없다고 믿는 경향이 있다. 어차피 타고난 재능이나 우월한 유전자가 성공 여부를 결정한다고 믿어버린 순간, 이미 자기 노력에도 명확한 한계선을 그어놓은 셈이다.

반대로 성장 마인드셋을 가진 사람은 꾸준한 노력으로 얼마든지 능력을 키워나갈 수 있다고 믿는다. 따라서 실패해도 낙담하지 않으며 그 실패를 오히려 더 많이 배우고 발전하는 기회로 삼는다.

당신은 피할 수 없는 문제들이나 어려운 도전 과제를 만났을 때 부딪혀서 해결하는 스타일인가, 아니면 고개를 절레절레 흔들며 회피하는 스타일인가? 당신은 같은 실수를 반복하는 스타일인가, 아니면 실수를 통해 무언가를 배우는 스타일인가? 만일 그 어떤 압박에도 불구하고 도전을 멈추지 않거나 실패할 위험을 안고서라도 성공을 향해 나아가고자 한다면, 당신에겐 분명 성장 마인드셋이 필요할 것이다.

기존의 고정 마인드셋을 성장 마인드셋으로 바꾸려는 사람에게 파워 아워는 가장 확실한 실천의 장이 될 것이다. 하루의 첫 1시간 동안 새벽길을 달리건 아니면 명상이나 독서, 혹은 서류 정리를 하건 당신은 '더 나은' 자신을 위해 성장하기로 선택한 것이다. 한마디로 당신의 아침은 마인드셋이 전환되는 시간이다.

성장 마인드셋이 탄탄해질수록 당신은 인생에 대한 주인의식이 더 강화될 것이고, 목표 달성에 도움이 되는 경험과 기회, 사람들을 더 자주 만나게 될 것이다.

나만의 학습법 찾기

잠시 어릴 때로 돌아가보자. 우리는 돌멩이와 나뭇가지 따위로 소꿉놀이를 했고, 보자기 망토를 걸치면 누구나 슈퍼맨이 되곤 했다. 막대기는 금세 칼이 되고 종이 상자는 집이 되고 구두는 경주용 자동차가 되었다. 상상 속에서 우리는 우주 비행사도 되고 해적도 될 수 있었다. 그렇다, 상상력은 분명 초능력이다.

심리학자 토마스 서든도프(Thomas Suddendorf)는 인간의 마음이 다른 동물들과 다른 점에 대하여 두 가지 혁신적인 이유를 들어 설명한다. 첫째, 인간은 무한한 상상을 하고, 그렇게 상상한 것을 다른 상황에도 반영할 수 있다. 둘째, 인간은 다른 사람들과의 교감, 즉 우리의 마음을 하나로 모으려는 욕구를 지니고 있다.

의식적인 상상력 덕분에 우리는 꿈을 꿀 수 있고, 다른 존재로 변신할 수 있으며, 전혀 새로운 현실을 시각화할 수도 있다. 마인드 코치인 나탈리 페니코트 콜리어(Natalie Pennicotte-Collier)는 이를 가리켜 '우리 마음의 극장(the theatre of our minds)'이라 부른다. 상상만으로 우리가 원하는 현실을 영화처럼 상영할 수 있다는 것이다.

"보는 것이 믿는 거예요. 만약에 아직 볼 수 없다면, 눈을 감고 그려 보세요."

그녀는 포뮬러 1 드라이버들과 영국 장애인 올림픽 선수단을 비롯하여 세계에서 가장 유명한 스포츠 선수들에게 이런 방식으로 시각화 훈련을 가르친다. 하지만 안타깝게도 이 놀라운 초능력은 성장과 더불어 점차 사라져간다. 세상에 대해 더 많이 배우고, 현실과 환상의 차이를 정확하게 인식하기 시작하면서 우리는 하나둘 열정을 버리고 꿈꾸기를 중단해버린다. 꿈과 상상이 가동을 멈춰버린 그 지점이 바로 고정 마인드셋이 아닐까?

반대로 계속해서 꿈을 꾸고, 더 나은 미래를 상상하며 성과 높은 삶을 살아가는 사람들은 하나같이 성장 마인드셋을 지니고 있다. 스포츠 심리학자이자 성과 컨설턴트인 레나 케슬러(Lena Kessler)는 성장 마인드셋을 이루는 요소로 '마음챙김'을 이야기하고 있다.

어느 정도는 마음이 훼방을 놓게 내버려둘 수도 있지만, 우리에게는 또한 부정적인 생각을 무시할 수 있는 능력도 있습니다. 우리의 생각이 모두 사실은 아니거든요. 지금 어떤 일이 벌어지고 있는지, 또 우리가 그것에 대해 어떻게 느끼는지 머릿속에서는 계속 신호를 보내오지만, 그 신호에 귀를 기울일지 말지는 스스로 선택할 수가 있어요. 떠오르는 생각을 관찰하고 결정하는 방법을 배우는 것이 바로 마음챙김이죠. 관찰한 내용으로 무엇을 할 것인가? 방금 떠오른 이 생각이 지금 상황에서 도움이 되는가? 우리의 생각이나 느낌이 언제나 정확한 건 아니에요. 그래서 자기 생각과 느낌에 대한 의문을 가지는 게 중요해요.

모든 것은 마인드셋에 달렸다. 세상에 대한 우리의 관점과 인식을 결정하는 것도, 상황을 바라보고 반응하는 방식에서부터 배우고 발전하는 능력도 모두 마인드셋에 달렸다. 즉 마인드셋이 인생의 모든 것에 대한 기반을 제공하는 것이다.

당신은 어떤가? 당신의 사고방식과 내면의 대화가 당신의 행동에 더 나은 영향을 주는지, 혹은 부정적인 영향을 끼치는지에 대해 생각해본 적이 있는가? 만일 당신이 하루하루 고정 마인드셋으로 행동하고 있다면, 이제는 변화를 이루어야 할 때다.

뇌는 잘 변한다는 사실을 명심하라. 의지만 확고하다면 변화는 언제든 가능하다. 지금 당장 구체적인 변화를 느끼고 싶다면, 뭔가를 배우는 것에서부터 시작해보자.

요즘 당신은 무엇을 배우고 있는가?

성장하기 위해서는 먼저 배움에 대한 마음부터 열어야 한다. 스스로 배움을 통해 자신의 관심사와 가능성의 영역을 확장해나가는 것이다. 물론 완벽할 필요는 없다. 어차피 완벽한 사람도 없다. 완벽함 따위는 잊어버리고 그저 작은 변화에 초점을 맞춰보자.

뭔가 새로운 것을 익히려면 무엇을 해야 할까? 예컨대 1년 안에 새로운 언어를 배울 수 있을까? 6개월은 어떤가? 6주는? 가능할 수도 있겠지만, 과연 그럴 만한 시간을 투자할 의지가 있는가? 바이올린, 수영, 그림, 춤… 무엇이든 좋다. 불가능은 없다.

《아웃라이어(Outlier)》에서 강조하는 1만 시간의 법칙에서처럼 충분한 시간 동안 집중할 수만 있다면 우리는 무엇이든 할 수 있다. 진지하게 연습할 수 있는 적당한 환경과 충분한 시간만 주어진다면 말이다. 이 점을 잊지 않는다면, 성장 마인드셋을 구축하겠다는 생각과 기반을 더욱 강화할 수 있을 것이다.

내 경우에는 지난 몇 십 년에 걸쳐 배움에 대한 접근 가능성이 극적으로 변해왔다. 기술 발전에 따라 그 어느 때보다 새로운 정보를 찾는 것이 쉬워진 덕분이다. 구체적으로 팟캐스트, 오디오북, 유튜브 비디오와 같은 것들이 내 인생을 완전히 바꾸어놓았다.

나는 청각적 학습에 익숙한 편이다. 듣는 것을 통해야만 가장 잘 배울 수 있다는 뜻이다. 사람 목소리 특유의 리듬과 억양으로 인해 어떤 소리가 나는지도 기억한다. 이런 이유로 나에게는 팟캐스트를 듣는 것이 책을 읽거나 노트를 정리하거나 심지어 데모 영상을 보는 것보다도 훨씬 더 효과적이다. 이 사실을 깨닫고부터는 훨씬 더 빨리 배울 수가 있었고 배움의 과정도 훨씬 더 즐길 수가 있었다.

이런 식으로 학습 스타일에는 일곱 개의 각기 다른 방식이 존재한다. 어느 한 방법에 뛰어나거나 특정한 방식을 선호하는 사람들도 있지만, 다음의 여러 가지 방식을 조금씩 섞어서 활용하는 사람도 있다.

- **청각적 학습**: 소리, 목소리, 음악을 통해 가장 잘 학습하는 사람
- **시각적 학습**: 이미지, 그림, 공간적인 이해력을 통해 가장 잘 배우는 사람
- **구두 학습**: 말이나 읽기 또는 쓰기를 통해 가장 잘 배우는 사람
- **신체적 학습**: 움직임, 따라 하기, 감각을 통해 가장 잘 배우는 사람
- **논리적 학습**: 문제 해결, 시스템, 추리를 통해 가장 잘 배우는 사람
- **사회적 학습**: 타인이나 팀의 일원일 때 가장 잘 배우는 사람
- **독자적 학습**: 혼자 배우고 일하는 것을 선호하는 사람

어떤 학습 스타일이 나에게 딱 맞는지 잘 찾아보자. 제대로만 찾는다면 마인드셋의 대전환도 가능할 것이고, 특히 자기 능력과 아이큐

에 대한 믿음마저 바꿀 수 있다. 예를 들어 학창 시절에 성적이 나빴던 사람들의 경우, 성인이 되어서도 자기 능력을 의심하는 경향이 있는데, 전혀 그럴 필요가 없다. 잘못된 것은 당신도, 당신의 능력도 아니며 그저 당신에게 딱 맞는 학습 스타일을 찾지 못했을 뿐이다. 하지만 이제 나를 위한 맞춤형 학습 방법을 찾게 된다면, 오랫동안 잠자고 있던 기술과 재능, 즉 당신의 잠재력을 깨울 수 있을 것이다.

참고로 배움의 과정에서 또 한 가지 중요한 부분은 바로 피드백이다. 특히 목표에 가까이 다가가기 위해서는 반드시 피드백이 필요하다. 친구든 직장 동료든 믿을 만한 사람들로부터 솔직하고 정확한 피드백을 받을 수 있어야 한다. 긍정적인 피드백은 그 자체로 좋겠지만, 부정적인 피드백을 받았을 때 당신의 반응이 정말 중요하다. 부정적인 피드백을 비난으로 받아들이지 말라. 그래봤자 성장의 폭만 제한될 뿐이다. 배우고 성장하기 위해 해야 할 일이 무엇인지, 누구와 대화할 필요가 있는지 알아내기 위해 자신이 가진 약점에 집중하자.

도움을 청하거나 자신이 모든 답을 (아직) 다 가지고 있지 않음을 인정하는 것을 두려워하지 말라. 질문을 한다고 해서 지식의 부족함이 드러나지는 않는다. 오히려 배우겠다는 의지가 드러날 뿐이다. 높은 성과를 올리는 사람들이 지닌 공통된 특징은 '오로지 배움에만 전념하는 것'이다.

결국 해내는 사람이 되는 법

"내 인생에 대한 모든 책임은 나에게 있어."

언제나 나를 일으켜 세워주는 말이다. 돌이켜보면 나에게도 흔히들 얘기하는 '약점들'이 많았다. 우선 나는 여성이고, 특히 영국에 사는 유색인종 여성이기 때문에 통계상으로 백인 동료들에 비해 15% 적게 번다. 나는 늘 쪼들리는 한부모 가정에서 자랐고, 이렇다 할 학위도 취득하지 못했다. 그런데 이런 것들이 정말로 '약점'인지는 잘 모르겠다. 약점이라기보단 그저 한때 나를 둘러쌌던 환경적 조건에 불과한 게 아닐까? 다만 나에겐 두 갈래 길 중 어느 쪽을 선택할지에 대한 결정권이 있었다. '주어진 상황에 맞춰 살아갈 것인가, 아니면 더 나은 미래를 만들 것인가?' 이 중대한 선택 앞에서 나는 '내 인생에 대한 모든 책임이 나에게 있다'라는 말을 실감했다. 매일 내가 내리는 결정이 나의 건강과 인간관계, 직업, 실수, 성공, 실패 등 삶의 모든 요소에 엄청난 영향을 끼친다. 그리고 내 결정에 책임을 지는 것은 결국 나 자신이다.

내 삶의 주인은 누구인가?
내 인생에 대한 모든 책임은 누구에게 있는가?

이 두 개의 질문만 품고 살아도 많은 것이 달라진다. 이 질문들은 타고난 환경이나 조건에서부터 일상적인 상황에 이르기까지 모두 적용되며, 어떻게 대답하느냐에 따라 자신의 마인드셋을 대략 짐작해볼 수 있다.

"일이 계획대로 풀리지 않을 때 당신은 어떤 반응을 보이는가? 변명거리를 찾거나 누군가를 탓하는가, 아니면 냉정하고 솔직하게 실패의 원인을 분석하고 다시금 앞으로 나아가는가?"
"만일 어린 시절에 부모가 자신을 믿고 지지해주지 않았다면, 오늘날 자신의 불행이 부모 탓이라고 여기며 신세 한탄만 할 것인가, 아니면 앞날에 집중하면서 '지금 내가 할 수 있는 일이 무엇일까?'라고 물을 것인가?"

많은 것들을 이루며 살아가는 사람들은 대부분 자신이 처한 상황에 대한 해석부터 다르다. 날 때부터 주어진 불리한 조건에 대해서 그들은 '때문에'라고 탓하는 대신 '덕분에'라는 말로 감사함을 표시한다. 남들보다 열악한 환경이나 조건 '때문에' 좌절한 게 아니라 오히려 그런 조건들 '덕분에' 더 큰 꿈을 꾸고, 마음을 더 강하게 다질 수 있었다는 뜻이다. 그들은 자신의 과거가 현재와 미래마저 좌우하도록 내버려두지 않는다.

물론 매사에 이런 식으로 생각하기란 쉬운 일이 아니다. 자기 삶에 대하여 완전한 책임감과 주인의식을 갖기란 실로 어려운 일이다. 모든 일이 그렇듯 단번에 거머쥘 수는 없다. 그렇다면 날마다 조금씩, 야금야금 삶에 대한 통제력과 책임감, 주인의식을 늘려가는 방법은 어떨까?

〈선데이 타임스(Sunday Times)〉 선정 '올해의 여성 운동선수'인 럭비 선수 매기 알폰시(Maggie Alphonsi)는 발이 안쪽으로 휘는 선천성 내반족으로 인해 어릴 때부터 무수히 병원을 들락거려야 했다. 하지만 매기는 영국 대표팀 선수가 되었고, 월드컵에서 우승을 차지했다.

그녀는 스포츠를 통해 성공과 실패에 대한 마인드셋을 개발할 수 있었는데, 이 과정에서 그녀만의 '늘려가며 살기(live in stretch)' 철학이 형성되었다고 한다.

진정 성공이란 것을 해보고 싶다면, 실패하는 것이 어떤 느낌인지 알아야 해요. 인간은 위험을 회피하는 본능이 있어 어떻게든 실패를 모면하려고 최선을 다하죠. 하지만 실패를 끌어안아야 해요. 실수하고 실패해봐야 그것을 통해 뭔가를 배울 수 있잖아요. 그런 식으로 나라는 존재를 조금씩 늘려가는 거예요. 늘려간다는 것은 말 그대로 도전을 통해 '할 수 있는 것들'의 범위를 점점 더 키워가는 거죠.

2015년에 나는 생전 처음 ITV에서 남자 럭비 월드컵 전문가로 일할 기회를 얻었어요. 정말 떨렸죠. 난 수줍음을 많이 타고 TV 출연도 처음이었거든요. 게다가 남자 럭비였으니 얼마나 불편했겠어요? 하지만 그때 이런 생각이 들었죠. '이봐, 매기! 지금이야말로 너 자신을 늘릴 수 있는 절호의 기회잖아!' 그래요, 그 순간 생각이 바뀌더군요. '맞아, 나 이거 할 수 있어. 난 잘나가는 럭비 선수였고, 월드컵 우승도 했잖아! 나는 남성이 아니라 럭비를 해설하는 거야.' 그렇게 나는 첫발을 디뎠어요. 처음 한두 경기는 약간 긴장했지만 이내 편안해졌죠.

늘려가기란 바로 이런 거예요. 불편한 것을 편안하게 만들려고 노력하는 동안 나라는 존재는 점점 늘어나죠. 불편한 상태를 반갑게 받아들이세요. 매일 혹은 매주, 새로운 것에 도전해보고, 일시적으로 불편한 상태에 자신을 풀어놔보세요. 그리고 점점 더 편해지려고 노력하세요. 이게 바로 내가 말하는 '늘려가며 살기'랍니다.

매기의 '늘려가며 살기'처럼 나에게도 나만의 주문이 하나 있다. '나도 힘든 일을 할 수 있다'라는 주문이다. 이 주문은 굉장히 강력해서 내가 얼마나 의욕적이건, 얼마나 준비를 많이 했건 간에 '세상에는 너무 힘든 일도 있다'라는 사실을 그대로 받아들임으로써 오히려 해낼 수 있다는 믿음을 자극한다. 게다가 힘든 일을 할 수 있다는 사실을 알기 때문에 쉽게 살 수 있는 지름길이나 편법을 찾으려고 노력하지 않게 된다.

나는 자잘한 일상에서부터 거대한 인생 계획에 이르기까지 삶의 여러 분야에 이 주문을 적용해보았는데, 단 한 번도 실망한 적이 없었다.

매일 아침 일찍 일어나기? 힘들다.

마라톤? 힘들다.

리더 역할? 부모 노릇? 너무 힘들다.

불필요한 습관을 버리기도 힘들고, 거절하는 것도 힘들다.

이렇게 힘든 것들 가운데 어느 순간 갑자기 쉬워지게 만드는 마법

같은 약은 단 하나도 없다는 것을 잘 안다. 그러니 차라리 인정하자. '그래, 이건 정말 힘든 일이지.' 그런데 중요한 건, 그 힘든 일을 내가 결국 해낸다는 사실이다.

말에는 놀라운 힘이 숨어 있을 뿐 아니라 오래도록 지속되기도 한다. 열여섯 살 때 런던의 어느 공연 예술 학교에서 열리는 3년 장학생 선발 오디션에 참가한 적이 있다. 그때 선생님이 내게 속삭였다.

"에이드리엔, 너무 큰 기대는 하지 마."

그 한 마디가 오히려 내 심장에 불을 질렀다.

'꼭 증명해 보이겠어요. 선생님이 틀렸다는 걸.'

그때 나는 학급에서 유일한 흑인 여학생이었고, 흑인 특유의 아프로 헤어스타일을 한 아이도 나 하나뿐이었다. 나는 오디션 참가자들이 기본적으로 받았던 값비싼 발레 교습도 못 받았고, 휘트니 휴스턴의 히트곡들을 목청껏 부르는 것 말고는 노래 교습도 받은 적이 없었으며 심지어 웨스트엔드 극장 안에는 한 발짝도 들여놓은 적이 없었다. 어쩌면 '너무 큰 기대는 하지 마'라는 선생님의 귀띔이 아주 틀린 것도 아니었을 것이다. 하지만 그로부터 6개월 뒤, 나는 장학금을 받고 도린 버드 예술대학에 입학했고, 졸업 후에는 국립 뮤지컬 단원이 되어 영국 투어를 다녔으며, 그 뒤로 런던의 상징적인 웨스트엔드 쇼 〈We Will Rock You〉에서 2년 동안 공연을 하기도 했다.

나 자신에 관해 한 가지 확실한 것은, 상황이 얼마나 열악하건 나를 포함한 그 누구에게도 절대로 '너무 큰 기대는 하지 마'라는 말을 절대로 하지 않는다는 것이다.

'나도 힘든 일을 할 수 있다.'

이 주문을 마음껏 써먹고 공유하고 매 순간 선언하고, 진심으로 되새기길 바란다. 내일 아침 알람이 울릴 때, 사람들 앞에서 발표해야 할 때, 힘든 대화를 해야 하거나 도움을 요청해야 할 때, 혹은 실수를 인정해야 할 때 속으로 외쳐보자.

'나도 힘든 일을 할 수 있다!'

질문을 바꿔야 삶이 바뀐다

'나는 왜 자꾸 다이어트에 실패할까?'

'이렇게 바쁜데 어떻게 누굴 만나서 새로운 관계를 시작할 수 있겠어?'

'나가는 돈은 이렇게 많은데 왜 수입은 늘 고정적일까?'

이런 질문에 가장 걸맞은 대답은 무엇일까? 이 질문들이 과연 실질적인 해결책을 제시해줄 수 있을까? 아니, 오히려 이런 질문들이 나를 막다른 길로 내몰진 않을까?

두뇌 전문가이자 《마지막 몰입(Limitless)》의 저자인 짐 퀵(Jim

Kwik)의 '지배적 질문(dominant questions)' 이론에 따르면, 특정한 질문에 특정한 답이 뒤따른다. 스스로 부정적인 질문을 던질수록 자신의 세계관이나 타인과의 상호작용 역시 부정적 성향을 띠게 된다는 것이다.

우리는 이미 그런 사람들을 많이 알고 있다. 늘 부정적인 면만 보고, 다른 사람들이 무엇을 가졌는지에만 집중하면서 자기 인생은 그저 힘들기만 하다고 투덜대는 사람들 말이다. 그들이 늘 혼잣말처럼 던지는 질문들이 있다.

'난 왜 이렇게 운이 없을까?'

'세상은 내 편이 아니야.'

'긍정? 자기계발? 다 해봤지만, 효과가 없었잖아?'

이런 태도는 다시 그들이 내리는 모든 결정에 영향을 주면서 자기 충족적인 예언이 이루어지게 된다. 부정의 악순환이 일어나는 것이다. '난 못해'라는 말을 내뱉는 순간부터 실제로 많은 이들이 실패로 이어지는 경우가 다반사인데, 그 결과 '거봐, 역시 난 안 돼'라는 생각을 한층 더 신뢰하게 된다. 이런 식으로 죽을 때까지 사는 것이다.

좋은 소식도 있는데, 그 반대도 마찬가지라는 것이다. 제대로 된 질문을 던지면 해결의 실마리와 함께 새로운 기회와 가능성에 마음을 열 수 있다. 예를 들어 첫 질문들을 이렇게 살짝 바꿔보자.

'다이어트를 방해하는 요소들은 무엇일까?'

'어떻게 하면 새로운 사람들을 만날 수 있는 시간을 확보할 수 있을까?'

'지출을 줄이고 수입을 늘릴 수 있는 또 다른 방법은 무엇일까?'

질문은 열쇠와 같다. 부정적인 질문은 부정적인 문을 열고, 긍정적인 질문은 긍정적인 문을 연다. 두 개의 문을 열고 바라본 세상 역시 같을 수 없다.

전에 팟캐스트에서 '6시 전에 물어야 할 여섯 가지 질문'이라는 테스트를 공유한 적이 있다. 방법은 간단하다. 아침에 일어나 파워 아워가 시작되는 순간, 다음 여섯 가지 간단한 질문에 답을 적는 것이다.

1. 오늘 나는 어떤 에너지로 살아갈까?

2. 오늘은 누구에게서 배울 수 있을까?

3. 오늘은 누구를 도와줄 수 있을까?

4. 1년 후 내가 도달하고자 하는 곳에 한 발 더 다가설 수 있으려면, 오늘 무엇을 해야 할까?

5. 오늘 가장 기대하는 것은 무엇인가?

6. 오늘 가장 감사한 일은 무엇인가?

차분하게 마음을 가라앉히고, 앞으로 펼쳐질 하루에 집중하면서 긍정적인 마음으로 묻고 답해보자. 이 테스트는 무엇보다 나에게 중요한 게 무엇인지를 생각하게 해준다. 그리고 오늘 하루의 우선순위에 집중할 수 있게 해줄 뿐만 아니라 다른 사람들과 어떻게 교류할 것인지, 다양한 상황에 어떻게 대처하길 원하는지, 어떻게 하면 가장 좋은 모습을 보일 수 있는지 진지하게 생각해볼 기회를 마련해준다.

비교적 금방 답할 수 있는 질문들이지만, 그렇다고 머릿속으로만 흘려보내지 말고 반드시 글로 적어보자. 글로 옮기려면 어떡하든 생각이란 것을 하게 되고, 또 자연스럽게 집중할 수 있게 된다. 그리고 몇 주 후나 몇 달 후에 자신이 쓴 것을 다시 보면 정말 유용할 때가 많다.

그런데 아침에 일어나자마자 이 질문들에 답하는 것이 왜 중요할까?

하루의 첫 1시간 동안 이 질문들에 집중하고 답을 적으면, 그날 하루 동안 내 마음이 그 답들을 끊임없이 찾게 된다. 즉 나의 뇌가 긍정적인 마인드셋을 강화하는 쪽으로 편향된다는 것이다. 그렇다면 잠자리에 들기 전에 지난 하루를 되돌아보며 이 여섯 가지 질문에 답하는 것도 똑같이 효과가 있을까? 효과가 없진 않겠지만, 저녁까지 기다린다는 것은 앞을 생각하는 것이 아니라 뒤를 되돌아보게 된다. 좋든 나쁘든 이미 벌어진 일을 바꿀 수는 없다. 하루가 시작될 때 마음을 준비하고, 그렇게 준비한 마음으로 하루를 시작하는 것이 좋다.

"구하라! 그러면 얻을 것이다."

그러니 두려워하지 말고 질문하라. 마음껏 원하고, 더 많은 것을 요청하고 도움을 청하라. 그저 요청하라.

자기만의 지배적 질문 목록을 만들 때는 여러 가지 다양한 질문들을 먼저 나열한 다음 특별히 자기 상황에 딱 맞는 것이 어떤 것인지 살펴보라. 이런 질문들이 당신에게 가장 큰 가치를 가져다줄 것이다. 예컨대 내가 가장 답하기 좋아하는 질문은, '오늘 가장 기대하는 일은 무엇인가?'이다. 이 질문에 대한 대답으로는 '방과 후 운동 연습을 하는 아들을 바라보는 것'이나 '팟캐스트에서 새로운 게스트를 인터뷰하는 것', 혹은 '조깅 후에 아침 식사로 따뜻한 크루아상에 잼을 발라 먹는 것'처럼 단순한 것도 많다. 이 질문들이 마음에 드는 이유는 매일매일 즐거움을 찾고 또 기대하게 해줄 뿐만 아니라 삶이 아무리 분주하고 힘들어도 언제나 기대할 무언가가 있다는 사실에 감사할 수 있기 때문이다. 참고로 고려해볼 만한 또 다른 질문들로는 다음과 같은 것들이 있다.

'어떻게 하면 오늘을 기억에 남을 만한 날로 만들 수 있을까?'
'스트레스나 걱정을 줄이기 위해서 오늘 무엇을 할 수 있을까?'

'오늘 나에게 연락을 받으면 기뻐할 만한 사람이 누가 있을까?'

'건강 상태가 나아지기 위해 오늘 내가 할 수 있는 일은 무엇인가?'

'그동안 미뤄왔던 일 중에 오늘 마무리할 수 있는 것은 무엇인가?'

'어떻게 하면 오늘을 더 재미있게 보낼 수 있을까?'

'오늘 누구한테 고맙다는 말을 해줄 수 있을까?'

잊지 말자. 우리가 우리에게 던지는 질문들로 인해 성장 마인드셋이 강화된다는 사실을. 그러니 지금 당장 '나는 왜 할 수 없을까?'라는 질문을 '어떻게 할 수 있을까?'로 바꿔보자.

너무 늦었다고 믿는 사람들에게

"변화요? 이 나이에? 에이, 너무 늦었어요."

처음 대중 강연을 시작하고 팟캐스트를 진행해오면서 내가 가장 자주 듣는 말이다. '변하기엔 너무 늦었어요.'

"10년 넘게 이 일을 해왔는데, 다른 일을 하기엔 너무 늦었죠."

"이미 결혼해서 아이들까지 있는데 이제야 삶이 불행하다는 것을 인정하기엔 너무 늦지 않았나요?"

"운동이라곤 질색인데 마라톤이라니요?"

이런저런 핑계며 논리를 펼치며 '너무 늦었다'를 앵무새처럼 반복하는 사람들을 나는 너무도 많이 만나봤다. 하지만 반대로 마인드셋이 180도 바뀌는 놀라운 과정도 목격했고, 습관이며 행동, 믿음을 개선하여 마침내 인생을 통째로 바꿔버린 사람도 봐왔다. 이제 나는 세상에서 가장 큰 거짓말이 '너무 늦었다'라는 말임을 확신한다.

한때는 과학계에서도 인간의 뇌가 청소년기 이후로는 새로운 패턴을 개발하지 못한다고 믿었던 때가 있었다. 한마디로 나이가 들면 인지 기능이 줄어든다는 얘긴데, 오늘날 뇌 관련 과학자들은 코웃음을 친다. 우리의 뇌는 자극과 환경, 생활 방식, 그리고 음식의 변화에 빠르게 대응하는 복잡한 기관이며 새로운 경험의 결과로 새로운 접속과 경로를 지속해서 만들어 적응하고 변화한다. 이러한 뇌의 능력을 '신경 가소성'이라 부른다. 신경 가소성은 요람에서 무덤까지 존재하며 노년층에서도 배우고, 생각하고, 인지하고, 기억하는 인지 기능의 급진적인 향상이 가능하다. 자, 이래도 '너무 늦었다'라고 하겠는가?

사람들은 웬만해선 익숙한 것, 오랫동안 그래왔던 것들을 바꾸고 싶어 하지 않는다. 특히 생각을 바꾸려 하지 않는다. 여기서 잠깐 '생각을 바꾸지 않겠다'라는 그 생각부터 바꿔보자. 생각은 바꿔도 괜찮다. 생각을 바꾸는 것이 실패는 아니다. 처음에는 절대적으로 옳은 것이라고 믿었던 아이디어나 계획이 나중에는 그렇게 대단한 것이 아니라는 생각이 들 수도 있다. 단순히 오래전에 내렸던 결정이라고 해

서 어떤 아이디어나 마음가짐을 고수하는 것은 고정 마인드셋이 작
동하고 있다는 뜻이다. 그때는 옳고 지금은 틀릴 수도 있지 않은가?
아니다 싶을 땐 다시 생각하거나 계획을 고쳐도 괜찮다.

사회는, 특히 직업에 관해서 우리에게 어느 한 가지를 선택하여 끝
까지 고수하라고 부추긴다. 전통적으로 우리는 한 가지 틈새 분야에
집중해서 그 분야의 대가가 될 때까지 노력하라는 말을 들어왔다. 그
것이 소위 '전문가' 수준에 오르는 방법이기 때문이다. 물론 이런 방
식이 맞는 사람도 있겠지만, 그렇다고 이것만이 성공할 수 있는 유일
한 방법은 아니다.

특히 내 경우엔, 솔직히 이 방법이 별로였다. 세상은 정말 빠르게
변하고 있다. 테크놀로지, 디지털 혁신, 소셜 미디어…, 이미 현대의
산업은 한 가지를 선택해서 고수하는 방식으로는 경쟁에 뒤처진다
는 사실을 그대로 보여주고 있다.

당신은 '팔방미인' 같은 사람을 어떻게 생각하는가? 이력서에 수
많은 직업이 나열되어 있고, 취미나 관심사도 한둘이 아니며 언제나
새로운 것을 배우고 싶어 하는 그런 사람 말이다. 예전의 면접관들은
이런 사람을 그다지 이상적인 지원자로 여기지 않았고, 심지어 회사
에 충성하지 않을 사람이라는 선입견마저 있었다. 하지만 성장 마인
드셋을 지닌 사람이라면 달리 생각할 것이다.

'이 사람은 다양한 관점에서 여러 가지 경험을 했군. 기량도 다양하겠어.'

비즈니스 코치이자 웰투두 글로벌(Welltodo Global) 사의 창립자인 로렌 암스(Lauren Armes)도 이렇게 동의한다.

테크놀로지와 인공 지능으로 점점 자동화되어 가는 세상에서 인간을 강력하고 의미가 있는 존재로 만들어주는 것은 바로 창의력과 감성 지능, 그리고 기타 소프트 스킬(인간관계, 문제 해결, 감정 조절, 의사소통 등의 능력을 뜻함 - 옮긴이)들이다. 이러한 능력은 새로운 것들을 과감하게 시도하고, 또 그 과정에서 얻은 풍부하고 다양한 인생 경험들 속에서 배양된다.

오늘날 신규 업체들은 특히 이런 사람들을 선호한다. 이들이야말로 다양한 각도에서 여러 가지 프로젝트를 이행할 수 있는 인재이기 때문이다.

자신이 진정으로 좋아하는 것이 무엇인지, 자신의 강점과 약점, 창의적인 능력, 핵심 가치가 무엇인지 알아낼 새도 없이 서둘러 진로를 결정해야 했던 사람도 있을 것이다. 이 모든 것은 직업이나 업무 환경에서 얻게 되는 만족도를 결정하는 기본적인 요소들이다. 진로나 생활 방식을 바꾸려고 하든, 인간관계를 변화시키려고 하든, 그리고 그런 변화가 크든 작든, 많은 용기가 필요하다. 크게 숨을 들이마시고 기억하라. 당신은 힘든 일들을 할 수 있는 사람이라는 사실을.

"당신, 많이 변한 것 같아요."

이런 말을 들으면 나는 미소를 지으며 대답한다.

"어머, 고마워요."

10년 전과 비교하면 나는 정말 여러 면에서 참 많이 변화해 왔다. 성장 마인드셋을 지닌 사람으로서 나는 심지어 나의 기본적인 핵심 가치와 신념조차 고정적이지 않다는 사실을 인식하고 있다. 때로는 바뀌지 않았으면 하는 것들도 있지만. 아무튼 '당신 변했어요'라는 말을 절대 부정적으로 여기지 말자. 왜냐하면 늘 똑같은 사람으로 남아 있는 것이 오히려 불가능하며, 또 변치 않는다는 것이 자신과 인생에도 별 도움이 되지 않기 때문이다.

고정적이었던 마인드셋이 성장 마인드셋으로 바뀌면 삶의 크고 작은 요소들도 덩달아 바뀌기 시작할 것이다. 그러니 앞으로 스스로 변할 가능성에 대해 과소평가하지 말라. 새롭고 더 나은 일을 찾아 이리저리 헤매는 것이 잘못된 것은 아니다. 사실 이 과정이야말로 여러 성공한 사람들이 똑같이 거쳐간 과정이다. 성공 가도는 일직선으로 쭉 뻗어 있지 않다. 성공한 사람들도 사실은 남들이 모르는 여러 굴곡을 거쳐왔다. 당신도 마찬가지다. 매번 우회하고 옆길로 샐 때마다 그

다음 단계로 나아갈 수 있는 무언가를 얻게 될 것이다. 경험이란 좋든 나쁘든 절대 시간 낭비가 아니다. 심지어 실패 속에도 그것만의 고유한 기능과 이유가 있다.

우리가 아는 프로 선수나 유명한 음악가들도 경력 초기에는 대부분 '샘플링 시간'을 거쳤다. 물론 우리는 그들이 예전부터 쌓아온 실력을 한 단계에서 다음 단계로 옮겨갔을 뿐이라고 일축해버리지만 말이다.

테니스 황제 로저 페더러(Roger Federer)는 테니스 선수로 활동하기 전에 이미 다양한 스포츠 경험을 했었다. 스위스에서 성장할 무렵 그는 풋볼 광팬이었다. 테니스 라켓을 손에 쥔 것은 8살 무렵이었지만, 그는 수영, 배드민턴, 농구 등 다양한 종목을 연습하기도 했다. 특이한 점은 그가 한 종목에만 집중하는 방법을 택하지 않고, 어린 시절 내내 여러 종목의 스포츠를 계속해서 즐겼다는 점이다. '한 우물만 파라' 대신 두루두루 경험한 셈인데, 바로 이런 다양한 운동 경험이 테니스로 성공하는 데 결정적인 도움이 되었다고 한다.

당신이 어린 시절에 천재였건 아니건 '나중에 커서 무엇이 되고 싶니?'라는 질문은 받아보았을 것이다. 그런데 어떻게 8살짜리 꼬마 아이가 평생 걸어갈 진로를 제대로 결정할 수 있겠는가?

정말로 열정을 바칠 만한 것을 찾는 데는 그만큼의 시간이 걸리며, 여러 가지를 시도해본 뒤에 얼마든지 마음을 바꿔도 된다. 타인들의 시선과 간섭은 신경 쓰지 말자. 킬리만자로를 오르건, 컴퓨터 코딩을 배우건, 자전거로 국토 종주를 하건 모든 결정은 오로지 당신 몫이고, 당신의 자유니까.

지금 그 자리에서부터 변화하라

금융 트레이더인 브랜든 스탠턴(Brandon Stanton)은 2010년 금융 위기로 일자리를 잃었다. 훗날 그는 CNBC와의 인터뷰에서 이렇게 말했다.

"트레이더로서 내가 얻은 두 가지 교훈은 첫째, 마땅히 위험을 감수해야 한다는 것과 돈을 잃고 실패하는 자신의 모습을 편안하게 바라볼 수 있어야 한다는 것입니다."

이런 마인드셋 덕분에 그는 전혀 새로운 진로를 찾을 수 있었다. 노숙자처럼 매트리스 위에서 숙식을 해결해가며 그는 인물 사진을 공유하기 시작했다. 사진 촬영 경력은 거의 없었지만, 그는 이 프로젝트에 '휴먼스 오브 뉴욕(Humans of New York)'이라는 제목까지 붙여가며 열정을 쏟았다. 마침내 그의 사진들은 엄청난 인기를 끌었고, 지금도 그의 인스타그램 페이지에는 직접 찍은 사진들과 천만 팔로워들에게서 수집한 실제 이야기들이 공유되고 있다. 그는 여러 권의 책을 출간했으며 지금은 사진작가로서 전 세계를 누비고 있다.

일자리를 잃은 지 얼마 안 된 사람에게는 브랜든의 사례가 별로 와닿지 않을 수도 있다. 눈앞에 닥친 현실을 무시하고 좋은 쪽만 바라본다고 해서 모든 문제가 해결되는 건 아니다. 게다가 일자리를 잃는다는 것은 자존감과 자신감에도 큰 상처를 남긴다. 사람들은 자신이 하는 일에 자신의 정체성을 부여하기 때문에 그 상처의 크기도 만만치 않을 것이다. 하지만 삶이라는 대하 서사극에는, 그렇게 치열하고 혹독한 처지에 몰리지 않았더라면 절대 찾아보지 않았을 대전환의 열쇠가 숨겨져 있을 수도 있다. 누구나 자신이 가진 모든 선택을 가늠하고 나면 결국 실천에 옮기는 수밖에는 별다른 도리가 없을 것이다. 어차피 살아남느냐, 망하느냐 둘 중 하나일 테니까. 누가 봐도 실패인 상황을 기회로 바꿔 일생일대의 변화로 승화시키는 것 또한 성장 마인드셋 특유의 심리적 연금술이 아닐 수 없다.

아이언 카우보이(Iron Cowboy)로 잘 알려진 제임스 로렌스(James

Lawrence)는 심지어 누구나 한 번쯤은 폭망해봐야 한다고 주장한다.

"맞아요. 그렇게 바닥을 쳐봐야 자기 인생을 진정으로 평가하고 필요한 변화를 시도하지 않을 수 없는 상황에 놓이게 될 테니까요."

물론 그 누구도 비극적인 역경을 경험하고 싶어 하지는 않겠지만, 그가 하는 말이 무슨 뜻인지는 이해할 것이다. 사실상 더 잃을 게 없을 만큼 밑바닥까지 떨어지면 무슨 일이 벌어지더라도 두려워하지 않게 된다. 사람들이 변화를 회피하는 까닭은 대부분 두려움 때문이다. 나는 가끔 스스로 이런 질문들을 던져보곤 한다.

'만약에 실패에 대한 두려움도 전혀 없고, 세상 사람들의 의견이나 판단, 비판도 완전히 무시할 수 있다면, 그때 나는 무엇을 할 것인가?'
'내가 가장 두려워하는 일이 이미 벌어졌다면 어떻게 할까?'

요는 어떤 상황이 닥치건 그 일로 인해 아무것도 하지 못하는 상태에 빠지지 말아야 한다는 것이다. 자신의 마인드셋을 이해하고 싶다면 두려움과의 관계를 현실적으로 직시해보라. 두려움은 우리를 옴짝달싹 못 하게 만들 뿐만 아니라 우리 내면의 잠재력마저 꽁꽁 묶어둔다.

두려움과 변화가 낯설지 않은 사람 중에 이제는 내가 친구라고 부르는 멋진 남자 칼 로코(Karl Lokko)가 있다. 칼은 TEDx 강연을 시작하면서 애벌레에서 나비로 변하는 내용의 시를 읊으며 자신을 '전 애벌레(ex-caterpillar)'라고 소개했다.

런던의 마이엇츠 필드에서 자란 칼은 12살 때 처음으로 총격전을 목격했다. 그는 총에 맞고, 칼에 찔리고, 얼굴에 상처를 입었으며 친구들이 살해당하는 것을 목격하기도 했다. 젊은 시절 그에게는 오로지 두 가지 길만 열려 있는 것 같았다. 죽거나 감옥에 가거나. 그러다 우연히 어느 교회에서 운영하는 청년 반폭력 프로젝트를 통해 칼은 비로소 '죽음과 감옥' 사이에 숨어 있던 '삶'이라는 또 하나의 길을 찾았다.

오늘날 칼은 운동가 겸 시인이자 성공한 대중 연설가로 살아가고 있으며 몇 년 전에는 서식스 공작인 해리 왕자의 자문역이 되기도 했다. 그는 사회 정의를 위해 싸우면서 리처드 브랜슨과 함께 수십만 파운드의 자선기금을 모금하기도 했다.

하지만 이와 같은 극적인 변화를 위해 칼은 개인적으로 만만치 않은 희생을 감수해야 했고, 예전의 오랜 습관, 심지어 친구들까지도 버려야 했다. 누구에게도 이런 일은 결코 쉬운 일이 아니다. 그는 자신의 생활 습관을 바꾸기 위해 독서, 기도, 금식과 같은 일상적인 리추얼을 만들어냈다. 그는 또 어휘력을 늘리고 표현력을 기르기 위해 미친 듯이 공부했고, 비즈니스 지도자와 사회적인 영향력을 가진 사람들로 구성된 멘토를 찾기 위해 일주일에 한 번씩 누군가와 점심식사를 하며 많은 대화를 나누기도 했다. 한마디로 몸과 마음 모두를 동시에 단련한 것이다. 참, 그리고 그는 매일 새벽 4시에 일어났다.

새벽 4시, 나의 힘은 바로 거기에서 나오는 것 같아요. 나는 일어나자마자 기도합니다. 오전 5시에는 느낄 수 없는 고요함을 그때 느낄 수 있죠. 내 말을 믿으세요. 하루 24시간을 다 뒤져봐도 새벽 4시의 고요함은 찾을 수 없어요. 그 시간은 온 세상이 조용하고, 이웃집 텔레비전도 켜지기 전이고, 게다가 제법 춥기도 하죠. 내가 아주 평화롭고 영적인 시간을 가질 수 있게 모든 것이 도와주는 시간입니다. 그러다 5시가 되면 1시간 동안 책을 읽어요. 그러고 나면 영감을 받게 되고, 더 많은 영감을 원하게 되어 인터넷으로 TED 강연을 봅니다. 그리고 마지막으로 하루의 계획을 적어요.

한 번의 긍정적인 변화가 또 다른 긍정적인 변화를 끌어냈고, 다시, 또다시 계속해서 그렇게 긍정적인 변화의 사슬이 이어졌다. 배우고 질문하기를 멈추지 않았던 칼의 의지가 결국 그를 새로운 궤도에 올려놓았다. '얼마든지 힘든 일을 해낼 수 있다'라는 관점으로 세상을 바라볼 수 있는 그 궤도로 말이다.

마인드셋을 바꾸고 변화하는 것부터 시작해보자. 그것이 당신의 인생에 어떤 영향을 줄지 누가 알겠는가? 사실 그것을 알아낼 방법은 단 한 가지밖에 없다. 성장 마인드셋을 개발하기 위해서는 먼저 현재 자신의 상태를 솔직하게 평가하는 것부터 시작하라. 그리고 자기 자신에게 물어보라.

'나도 변할 수 있을까?'

답하기 전에 먼저, 믿든 안 믿든, 어떤 결정을 내리든 간에 그것이 곧 사실이 될 것이라는 점을 명심하라. 변할 수 없다고 믿으면 변하지 않을 것이고, 변할 수 있다고 믿으면 변할 것이다. 도움이 될지 모르겠지만, 나라면 무작정 저질러볼 것이다. 인생은 한 번뿐이기에 큰 목표를 향해서 나아갈 수밖에 없다. 아이가 클 때까지 기다리거나 돈이 모일 때까지 기다리거나 '적절한 때가 되면'과 같은 막연한 느낌이 들 때까지 기다릴 수는 없다. 완벽한 때란 존재하지 않는다. 그러니 내일까지도 기다리지 않을 것이다. 내일이 그저 있어도 그만, 없어도 그만인 하루로 남는 경우가 너무나 많기 때문이다.

마인드셋을 부정적이고 고정된 한계에서 벗어나 성장과 가능성, 풍요를 향하게 하자. 좋아하는 인생을 만들고 오늘부터 당장 그런 삶을 살기 시작해보자.

습관이 나를 선택하기 전에
내가 먼저 습관을 선택하라

POWER

HOUR

강력한 습관을
만드는 시간

3장

'내일부터 요가를 시작할 거야.'

그녀는 단단히 결심했다. 이튿날 아침 5시 30분, 알람이 울리자 그녀는 손을 뻗어 알람을 끈다. 날은 춥고 이불 속은 따뜻하다. 그녀는 생각한다.

'저녁 클래스로 바꿀까? 아니, 내일부터 시작하지 뭐.'

다음 날, 그다음 날 아침에도 똑같은 상황이 펼쳐진다. 그렇게 한 달이 지나는 동안 그녀는 요가 매트 위에 한 번도 발을 올려놓지 못한다.

…왠지 익숙한 얘기처럼 들리지는 않는지?

인간은 습관을 만드는 동물이다. 일정한 패턴이 반복되어 저마다의 습관으로 굳어지는 것이 인간의 본질이다. 사람들은 흔히 습관을 '좋은 습관'과 '나쁜 습관'으로 나누곤 하지만, 나는 '유용한 습관'과 '무용한 습관'으로 분류하고 싶다.

유용한 습관이란 '오랜 시간에 걸쳐 반복되었을 때 자신이 원하는 장기적인 결과로 이어지게 되는 행위나 행동'이다. 그리고 무용한 습관은 장기적인 목표를 달성하게 도와주기보다는 즉각적인 결과나 단기적인 보상만을 안겨준다.

우리가 번번이 무용한 습관을 선택하는 까닭은 미래에 느낄 수 있는 행복감보다 지금 당장 누리고 싶은 쾌락에 더 이끌리기 때문이다. 그리고 대부분의 무용한 습관들은 예전의 문제 해결 방식, 혹은 그 패턴에서 비롯된다. 예컨대 배가 고프면 간식을 먹고, 따분하면 휴대 전화를 들고, 스트레스를 받으면 초콜릿을 먹거나 와인 잔을 기울이는 식이다. 이런 습관들은 대부분 '버려야 할 악습'으로 평가되곤 한다.

그런데 내 생각은 좀 다르다. 유용한 습관을 길들이기보다 훨씬 더 힘든 게 '익숙한 습관을 버리는 것'이다. 그러니 차라리 기존의 습관을 창의적으로 변형해보는 건 어떨까? 가령 나는 걸핏하면 이어폰을 귀에 꽂고 음악을 들었다. 무용한 습관은 아니지만, 이제 도저히 버릴 수 없는 습관임은 틀림없다. 나는 이 습관을 버리려고 애쓰는 대신,

오디오 콘텐츠를 바꾸기로 했다. 요즘은 차를 운전하거나 기차를 탈 때마다 오디오북을 듣는다. 즉 배움을 습관으로 만든 것이다.

당신이 무용하거나 무의미한 습관을 얼마나 오랫동안 반복해왔건, 마음만 먹으면 언제나 새롭고 의미 있으며 더 유용한 습관으로 대체하는 것이 가능하다는 사실을 잊지 말라.

쉬운 선택 앞에서 잠시 멈춰라

'습관의 고리(habit loop)'라는 것이 있다. 찰스 두히그(Charles Duhigg)의 베스트셀러 《습관의 힘(The Power of Habit)》을 통해 널리 알려진 이론이다.

습관의 고리란 '습관이 형성될 때 뇌 속에서 고리처럼 이어지는 3단계 작용'을 일컫는다. 먼저 어떤 특정한 신호가 우리를 자극한다. 그럼 우리는 곧바로 반응하게 되는데, 그 반응이 곧 신체적, 정신적, 감정적 행동으로 나타난다. 그리고 그 즉시 우리에게 특정한 보상이 주어진다. 우리 뇌는 이것을 기억해두었다가 나중에 같은 신호를 받으면 이 고리를 반복하는 패턴을 보이게 된다. 찰스 두히그가 소개한 '쿠키에 대한 반응' 사례를 보자.

- **신호** → 누군가 접시에 담긴 쿠키를 들고 사무실로 들어와서 당신에게 먹으라며 하나를 권한다.
- **반응** → '물론, 당연히 먹지.' 쿠키는 맛도 좋은 데다 모니터만 줄곧 바라보던 당신이 환영할 만한 방해 요소다.
- **보상** → 쿠키를 먹고 친구들과 수다를 떠는 동안 당 지수가 올라가는 바람에 일시적인 도파민 급증을 경험한다.

이 이론에 따르면 뇌는 긍정적인 보상을 기억하기 때문에 이후에도 같은 신호를 받으면(즉 누군가 쿠키 한 접시를 내밀면) 똑같은 반응(쿠키를 먹는)을 보이게 된다.

그런데 최근에 《아주 작은 습관의 힘(Atomic Habits)》의 저자 제임스 클리어(James Clear)는 여기에 한 단계를 더 끼워 넣었다. 그는 같은 신호라도 똑같은 반응을 일으키지 않을 때가 있다는 사실을 알아냈다. 기분이나 감정 상태, 주변 환경에 따라 같은 신호라도 다르게 반응할 수 있다는 것이다.

다시 쿠키의 예를 들어보자. 최근에 당신이 치과 의사에게서 당분을 줄이라는 말을 들었다고 치자. 그런데 누군가가 쿠키 한 접시를 들고 다가온다면, 당신은 (처음에는 끌릴지 몰라도) 치과 의사의 말이 떠올라 거절한다. 같은 신호이지만 이번에는 반응이 다르게 나타난 것이다. 하지만 일주일 뒤 다시 누군가 쿠키 한 접시를 들고 오면 그때는 쿠키 한 조각을 손에 쥘 수도 있다. 어쨌든 '그래봤자 쿠키 한 조각'이니까. 다시 말해 반응이 일정하지 않다는 것이다.

이렇듯 상황이 바뀔 때마다 우리의 행동도 달라진다. 우리가 의도적으로 행동을 바꾸는 것이 어려운 것도 바로 이런 점 때문이다. 우리는 컴퓨터가 아니라서 삭제 키 하나로 이전 패턴을 지우고 새로운 패턴을 입력할 수가 없다. 우리가 날마다 겪는 경험들 사이에는 아주 복잡 미묘한 차이가 있다. 흔히 피로나 스트레스, 혹은 여러 가지 감정들이 우리의 즉각적인 의사 결정에 영향을 미친다. 그래서 습관을 바꾼다는 것, 특히 원하는 습관을 자기 것으로 만든다는 것이 그렇게 어려운 것이다. 하지만 어려운 것과 불가능한 것은 다르다. 나는 한 가지 목표에 최대한 집중할 수 있다면 누구나 바람직한 습관을 익힐 수 있다고 믿는다. 다시 말해 목표가 무엇인지 명확하게 파악하고 나면, 자신이 지닌 습관 중에 어느 것이 그 목표에 도달할 수 있게 도와줄 것인지 알아낼 수 있다.

한 가지 안타까운 점은 그런 습관들이 대개 즉각적인 보상을 불러오진 않는다는 것이다. 물론 장기적으로는 놀라운 보상을 듬뿍 안겨

주겠지만. 예컨대 매일 아침 5시나 6시에 일어나길 원한다면 전날 밤 10시 전에 잠자리에 드는 것이 유용한 습관이다. 하지만 이런 습관은 시시때때로 흔들리게 마련이다. 특히 〈왕좌의 게임〉을 절반밖에 시청하지 못했는데 벌써 9시 55분이 되었다면 말이다. 잠자리에 들기 위해 TV를 끈다면 즉각적인 보상은 받지 못하겠지만, 다음 날 아침이 되어 알람이 울렸을 때는 일찍 잠자리에 들어서 다행이라는 생각이 들 것이다. 이처럼 장기적으로 더 나은 결과를 불러오는 행동을 습관화하는 데에는 다소 의지가 필요한 경우가 대부분이다.

따라서 당연한 얘기지만, '쉬운 선택을 하려는 충동을 피하는 것'이 상책이다. 다양한 맞춤형 서비스와 즉각적인 접근, 초고속 커뮤니케이션이 이루어지는 오늘날, 우리는 매번 지름길을 선택하라는 유혹을 끝없이 받는다. 선구매 후지불 문화 덕분에 언제든 과소비 습관에 빠져들기도 쉽다. 신용으로 물건을 구입하고 부채를 부추기는 것은 심각한 결과로 이어지는 습관인 동시에 작은 일들이 쌓이면 어떻게 되는지 보여주는 또 다른 예이기도 하다. 아울러 지연된 만족감을 연습하면 진정으로 변화를 이룰 수 있는 점이기도 하다. 맥스웰 몰츠(Maxwell Maltz) 박사가 설명하듯이, '장기적으로 더 큰 보상을 누리기 위해 단기적인 만족감을 지연시키도록 단련할 수 있는 능력은 성공의 필수 조건이다.'

"그나저나 새로운 습관을 내 것으로 만들기까지 얼마나 오래 걸리나요?"

안타깝지만 딱 잘라 말하기 어렵다. 며칠 만에 새로운 습관을 만드는 사람이 있는가 하면 한 달, 혹은 100일이라고 주장하는 사람도 있다. 이런저런 의견들을 취합해서 내가 내린 결론은 '걸릴 만큼 걸리더라'는 것이다. 습관과 행동은 복잡한 데다 모든 사람에게 똑같이 적용되는 법도 없다. 일정한 규칙을 정하고 그것을 지키는 일 자체를 즐기는 사람이 있는가 하면, 그때그때 직관적으로 대응하는 방식을 좋아하는 사람도 있다. 심지어 놀랍게도! 초콜릿 브라우니를 절반만 먹고 '나머지 절반은 나중에 먹어야지' 하며 남겨두는 사람도 있다. 나처럼 브라우니를 다 먹거나 아예 안 먹는 사람으로선 도저히 이해하기 힘든 부류가 아닐 수 없다. 나는 '모 아니면 도' 타입이라서 어떤 일이건 100% 전념하거나 아니면 애초에 시작도 안 한다. 어떤 면에서는 그래서 축복인 경우도 있다. 엄격한 규칙을 세우게 되고 마감일에 맞춰서 일을 잘 할 수 있기 때문이다.

그다지 즐겁지 않은 습관들을 설정할 때도 내가 원하는 장기적인 결과를 기대하며 거의 기계처럼 할 수가 있다. 예를 하나 들자면, 수년 전에 나는 '이제부터 에스컬레이터 대신 계단을 이용해야지' 하고 결심한 적이 있다. 지하철을 타고 도시의 반대편까지 가서 회의와 행사에 참석해야 하는 일상을 고려한다면, 이 새로운 습관을 연습할 기회는 얼마든지 있었다. 나는 이 습관을 절대 타협할 수 없는 것으로 만들었다. 일과를 마치고 녹초가 되어 있건, 무거운 가방을 몇 개나 들고 있건, 하이힐을 신고 있건 상관하지 않고 나는 기어코 계단을 걸어서 올라갔다. 걸음 수를 계산해보니 1년에 62,400보, 거리로는 44.8km였다. 마라톤 코스보다 긴 거리다. 그렇다. 일상의 작고 사소한 습관이지만, 그런 작은 걸음들이 차곡차곡 쌓여 삶이라는 마라톤을 완주하게 된다.

의지 근육을 단련하여 강력한 습관을 만들자

우리는 하루에도 수천 건의 크고 작은 선택을 하며 살아간다. 커피숍에 들어가서도 묻고 답해야 할 건수가 최소 16가지나 된다. 미디엄? 라지? 매장? 테이크아웃? 샷 추가? 의식하건 안 하건 이런 종류의 의사 결정 상황은 온종일 끝없이 발생한다. 그 모든 상황에서 일일이 숙고하고 따져가며 결과를 예측하기란 불가능하다. 습관이 가동되는 것은 바로 이런 순간이다. '늘 마시던 거!'

매일 아침 양치질을 할까 말까 고민하고 갈등하다 마침내 비장하게 '하자!'라며 치약을 짜는 사람은 없지 않은가? 양치질 같은 건 그냥 잠결에 반쯤 눈 뜬 채 자동으로 하는 것이다. 하지만 안타깝게도 모든 습관이 양치질만큼 쉽게 형성되지는 않는다.

프로 스포츠 선수들은 평상시에 똑같은 훈련을 몇 시간이고 반복하는데, 이 훈련들이 쌓여 경기 중에 동물적인 반사 신경이 나온다. 경기 중에는 고려해야 할 변수가 거의 무한대다. 테니스 선수가 날아오는 공을 어떻게 받아낼 것인지 자세한 사항을 꼼꼼하게 따질 겨를이 없다. 언제 앞으로 뛰어나가고, 엉덩이는 얼마나 돌릴 것이며, 라켓의 각도는 어떻게 둘 것인지, 어디를 바라보고, 심지어 언제 숨을 내쉴 것인지…. 이런 것들은 1초 이내에 결정해야 할 필수적인 것들이다. 결국 끝없는 훈련의 반복으로 형성된 기억들이 쌓여 즉각적인 반응으로 나타나는 것이다. 따라서 새로운 습관이 저절로 형성되길 원한다면, 어쨌거나 연습을 해야 한다. 맞다. 어느 정도 노력과 의도적인 행동, 그리고 의지가 필요한 일이다.

그런데 '의지'란 무엇일까?

어마어마하게 먼 거리를, 그것도 전 세계에서 가장 힘든 지형을 달리는 울트라 마라톤 선수들을 볼 때마다 나는 '의지력'이라는 단어를 떠올리곤 한다. 과학이 아무리 발전해도 '의지의 양'을 측정할 방법은 아직 존재하지 않는다. 근육의 크기와 심박수, 열량 같은 요소들은 얼마든지 측정할 수 있지만, 의지력의 강도는 잴 수가 없다. 왜 어떤 사람은 다른 사람들보다 더 의지가 강한가? 그리고 어떤 훈련을 거쳐야 의지력이 더 강해질까? 심리학자인 피오나 머든(Fiona Murden)은 의지력도 근육처럼 얼마든지 단련할 수 있다고 주장한다.

"근육을 단련하려면 저항력을 키워야 하죠. 의지력도 마찬가지예요."

그렇다면 어떻게 해야 의지의 저항력을 키울 수 있을까? 쉬운 예로 '욕하지 않기'처럼 간단한 것부터 시작해보자. 일주일 동안 욕하지 않기로 하고, 욕하고 싶은 충동을 느낄 때마다 의식적으로 입을 꾹 다문다. 가시적인 보상이나 벌칙이 필요하다면 '한 번 욕할 때마다 저금통에 동전 넣기' 같은 규칙을 세운다. 중요한 것은 욕을 하고 말고가 아니라 '내가 나를 지켜본다'라는 점이다. 그리하여 자동적인 반응이나 습관을 알아채고, 이에 저항함으로써 의지의 근육을 단련할 수 있다는 것이다.

물론 의지력도 근육처럼 쓰면 쓸수록 지치게 된다. 처음에는 진심을 담아 절대 하지 않겠다는 의지도 세 번, 네 번 지나다 보면 꺾일 가능성이 크다. 따라서 일단 새로운 습관을 지니기로 했다면 거기에 100% 전념하고, '무슨 일이 있어도 다른 선택이나 결정을 내리지 않겠다'라는 규칙을 정해야 한다. 매일매일 한 가지 일을 계속해서 반복하면 결국 자동으로 하게 되는 것은 시간문제이지만, 그러기 위해서는 먼저 힘든 일을 실천하겠다는 의지부터 다져야 한다.

새로운 습관 형성을 위해 동기와 훈련 이외에 더 필요한 건 없을까? 있다. 책임감이 필요하다. 최근에 나는 '책임감 코치'라는 직업이 실제로 존재한다는 사실을 알고 깜짝 놀랐다. 세상에는 본인이 하겠다고 결심한 것을 실행하면서 누군가에게 상당한 돈을 바쳐가며 관리받는 사람도 있는 모양이다. 하지만 스스로 내린 선택에 대한 통제권은 오로지 자신에게 있으며, 누군가에게 책임을 전가하고 싶은 유혹은 버리는 게 상책이다. 자신이 선택한 습관을 진정 자기 것으로 만드는 과정은 그 자체로 중요하며 또한 가치 있는 일이다. 그러니 차라리 자신의 규칙을 지킬 수 있게 도와주고 힘이 되어주는 '책임감 친구'를 만들어보는 건 어떨까? 바로 자기 자신 말이다. 자신이 새로운 습관을 제대로 수행하고 있는지 스스로 감시하고 지켜보는 것이다.

습관 중에는 여타의 습관들에 비해 영향력이 압도적으로 강해서 마치 도미노처럼 삶의 다른 측면들에까지 차례차례 연쇄적인 효과를 일으키는 습관이 있다. 나는 그것을 특별히 '강력한 습관'이라고 부른다. 강력한 습관은 워낙 강해서 다음 결정과 그다음 결정, 그리고 이어지는 또 다른 결정들에 계속해서 영향을 준다.

나는 살면서 한 번도 유리한 위치에 서본 적이 없었고, 뛰어난 재능이나 기술도 없었다. 그런데 딱 한 가지, '꾹 참고 반복하기'라는 강력한 습관이 내게 있었다. 그 습관 덕분에 나는 똑같은 것을 연습하고 또 연습해도 지치지 않았고, 계속해서 관심 분야의 폭을 넓혀갈 수 있었다.

파워 아워라는 소중한 시간을 통해 당신이 특별히 자기 것으로 만들고 싶은 강력한 습관은 무엇인가? 어떤 상황에서도 잘될 거라고 믿는 '절대 긍정'도 좋고, 화가 날수록 차분해지는 '평온한 마음'도 좋다. 근육을 단련하듯 당신의 의지를 단련하되 자신에게 가장 필요하고 강력한 습관을 만들겠다는 목표를 정해보길 바란다.

말은 습관이 되고, 습관은 말이 된다

아침에 직장에 도착하자 다른 동료가 묻는다.

"오늘 기분 어때?"

이때 당신의 첫 마디는?

좋아, 그저 그래, 피곤해 죽겠어, 별로야, 죽을 맛이지….

자기 입에서 나오는 말의 힘에 대해 생각해본 적이 있는가? 혹시 똑같은 대답을 날마다 반복하는 습관은 없는지? 어떤 말이건 당신의 입에서 가장 자주 나오는 그 한마디가 당신의 기분과 행동, 습관에 영향을 미치게 된다. 피곤해, 너무 바빠, 죽을 맛이야, 이런 말이 저절로 나온다면 스스로 왜 그런지 물어봐야만 한다. 정말 피곤하고, 바쁘고, 죽을 맛인가? '그렇다'라는 대답이 나온다면 다시 물어보자.

'그로 인해 어떤 결과가 발생하는가?'
'계속 이런 식으로 살아갈 수 있겠는가?'
'뭔가를 바꾸려면 무엇을 해야 할까?'

아니, 사실은 별생각 없이 그저 입버릇처럼 하는 말에 불과할 가능성이 크다. 그렇다면 당장 이런 식의 말 습관부터 고쳐야 한다. 무의식중에 내뱉는 그 한마디, 한마디가 결국 자신의 선택과 행동에 영향을 미치기 때문이다. 이런 경우엔 운동해야 할 때도 '너무 피곤할' 것이고, 친구가 만나자고 해도 '너무 바쁠' 것이기 때문에 결국 습관처럼 내뱉는 그 말에 스스로 갇히게 될 것이다. 말에는 상상을 뛰어넘는 강력한 힘이 들어있다. 자, 그럼 다시 해보자.

"이봐, 오늘 기분 어때?"
습관적으로 내뱉던 말을 반복하는 대신 잠시 멈추고 생각해보는 것이다. 어떤 대답을 할까? 전과는 완전히 다른 느낌의 긍정적인 대답도 좋고, 한발 더 나아가 상대방에게도 기분 좋은 질문을 던져볼 수 있다. 나는 지인들에게 주로 이런 질문을 던지곤 한다.

"이번 주에 가장 기대하는 일이 뭐예요?"

"지금 가장 가슴 뛰는 일이 뭐죠?"

학교에서 돌아온 아이에게도 마찬가지. "오늘 어땠니?"라는 식의 판에 박힌 질문에는 "좋았어", "뭐, 괜찮았어"처럼 짧고 모호한 대답만 돌아온다. 대신 이런 질문은 어떨까?

"오늘 점심시간 때 누구 옆에 앉았어?"

"오늘 제일 신났던 일이 뭐야?"

잘하면 아이의 새 친구에 대해서도 알 수 있고, 아이 스스로 뭘 좋아하고 그날 하루 좋았던 일이 무엇인지 되돌아보게 하는 효과도 얻을 수 있다. '하루를 되돌아보는 것'은 내 아들이 지녔으면 하는 '강력한 습관'이기도 하다. 하루를 되돌아볼 수 있으면 중요한 일에 집중하는 법도 알게 된다. 게다가 그 일을 다른 누군가와 공유하는 것은 즐거운 기억을 강화하고 긍정적이고 의미 있는 경험을 다시 떠올리게 하는 훌륭한 방법이기도 하다.

매일매일 입 밖으로 나오는 말, 특히 자기 자신에 대해서 하는 말들이 쌓여 삶의 모양새가 형성된다. 당연한 얘기지만 스스로에 대해서 부정적으로 말하는 것은 전혀 도움이 되지 않는 습관이다.

'난 이걸 절대로 못 할 거야.'

이런 말은 그 자체로 원인이 되어 '절대로 못 하는' 상황만 반복될 것이다.

그런데 이런 부정적인 언어 습관은 왜 생겼을까? 일종의 방어기제 때문은 아닐까? 즉 기대가 크면 실망도 크기 때문에 미리 회피하는 식의 언어 습관이 생겼을 수도 있다. 그렇다면 이런 생각을 아예 뒤엎어보면 어떨까? 내 안에서 부정적인 목소리가 들려올 때마다 신호등의 빨간불로 여겨 생각을 멈추고 자신에게 물어보는 것이다.

'정말 그럴까?'

'혹시 목표가 너무 작은 건 아닐까?'

'어쩌면 내겐 이보다 열 배 더 큰 목표를 이룰 능력이 숨어 있지 않을까?'

이런 질문들을 던져가며 오랫동안 반복해서 내뱉었던 부정적인 언어 습관에 금이 가게 만드는 것이다. 부정적인 믿음에 금이 가면 어떤 일이 벌어질까? 그 틈새로 긍정의 믿음이 스며든다.

여기서 잠깐 고백할 게 하나 있다. 수년 전 누군가가 긍정적인 확언의 힘에 대해서 말할 때 나는 한숨을 내쉬었다. 사실이라고 믿건 안 믿건, 어떤 문장을 매일매일 크게 말하기만 해도 그게 현실이 된다는 생각을 나는 도저히 받아들일 수가 없었다. 심지어 '긍정 언어'라는 개념 자체를 약간의 허풍이라고 여겼다. 지금 처한 상황이 아무리 최악이라도 긍정적인 말만 반복하면 인생의 모든 것이 바뀐다? 그걸 믿으라고? 매일 아침 거울 앞에 서서 '나는 자신감이 있어'라고 외치면 실제로 자신감이 생길까? 아마 그럴지도 모른다. 그렇다면 '나는 매일 키가 커진다'라고 말하면 어떨까? 실제로 키가 커질까? 혹은 '나는 백만장자다!'라고 외치면 통장 잔액이 바뀔까? 천만에, 하늘이 초록색이라고 아무리 외쳐도 하늘이 파랗다는 사실이 변하지는 않는다.

그런데, 이제 와 다시 생각해보면 내가 핵심을 완전히 놓쳤다는 것을 알 수가 있다. 긍정 확언의 핵심은 사실이 아닌 것, 혹은 틀린 무언가를 스스로 믿도록 억지 부리는 것이 아니다. 이왕이면 좋은 면에 초점을 맞추고 집중하라는 뜻이며 부정적이고 파괴적일 수 있는 생각들로부터 관심을 돌리라는 것이다. 무엇을 바라보건 그 대상의 어느 면을 보느냐가 더 중요하다. 긍정의 확언을 연습하면 초점이 전환되어 사고를 긍정적인 방향으로 바꾸게 되고, 결과적으로 새로운 현실을 만드는 데 도움이 될 수가 있다.

사람은 하루 평균 7천 단어를 말한다. 그럼 스스로 물어보자. 오늘 하루, 나 자신과 다른 사람들에게 무슨 말을 했는가? 내가 했던 말이 오늘 하루 내 감정에 어떤 영향을 미쳤는가? 기분을 북돋아주었는가, 아니면 힘 빠지게 했는가? 내일은 또 어떤 이야기를 들려주고 싶은가? 내가 하는 말들은 진실한가? 내가 하는 말들이 과연 진심에서 우러나왔는가?

당신은 내일도 7천 단어를 입 밖으로 낼 것이고, 그 말들의 에너지여하에 따라 당신의 하루가 긍정의 에너지로 채워질 수도, 부정의 에너지로 채워질 수도 있을 것이다.

유용한 습관에 이르는 3단계

나는 툭하면 핸드폰을 확인하는 습관이 있다. 가끔 중독이 아닌가 싶기도 하다. 그렇다, 솔직히 인정한다. 이 책이 효과적인 습관, 자제력, 동기부여, 자기단련에 관한 것이긴 하지만, 나 역시 문자나 웃긴 짤, 메시지와 같은 유혹에 번번이 무릎 꿇곤 한다. 사실 이 장을 쓰는 동안에도 방해받지 않으려고 핸드폰을 무음으로 해놓고 아예 다른 방에 던져두었다.

"우리는 온종일 핸드폰을 반경 1m 안에 놔둔 채 생활합니다."

지난해 어느 행사에서 연설할 때 한 토론 참석자가 말했다.

"더 충격적인 건, 우리가 핸드폰을 잃어버렸을 때 처음 발생하는 호르몬의 변화가 붐비는 상점에서 아이를 잃어버렸을 때와 정확하게 일치한다는 것이죠."

잠깐, 나는 비교적 유용한 목적으로 핸드폰을 사용하며 심지어 내 경력을 쌓고 의견을 공유하는 데 소셜 미디어가 도움이 되기도 했다. 나는 테크놀로지에 대해서 결코 부정적인 사람이 아니다. 하지만 핸드폰을 사용하는 시간의 나머지 50%는 주로 시간 낭비이며, 책을 읽거나 잠을 자는 것처럼 더 중요한 일로부터 쉽게 정신을 빼앗는 방해요소인 게 사실이다. 가령 내가 잠들기 전 밤 10시까지 책을 읽을 생각으로 9시 반쯤 침대에 누웠는데, 10분 동안은 메신저 채팅을, 또 10분 동안은 인스타그램을 보는 바람에 책을 펼쳤을 때는 이미 시간이 10시 5분 전이었던 적이 여러 번 있었다.

지금은 '핸드폰 금지' 시간을 따로 정해놓고 산다. 저녁 9시 반이면 핸드폰을 무음으로 해놓고 복도에 놔둔다. 처음엔 침대에 눕기 전에 '마지막으로 딱 한 번만 더 확인할까?'라는 생각이 간절했다. '잠깐 확인만 해보는 거야. 혹시 급한 일이 생겼을지도 모르잖아?'

급한 일이라…. 사실 밤 10시부터 새벽 5시 사이에 급한 일을 놓칠 가능성은 거의 없다. 밤새 핸드폰을 확인하지 않아도 세상은 잘 굴러간다. 그러니 포모 증후군(FOMO, 다른 사람이 누리는 좋은 기회를 놓칠까봐 불안해하는 것 - 옮긴이)은 잊고 어서 책이나 읽고 자자.

'뻔질나게 핸드폰 확인하기'와는 달리 몇 가지 유용한 습관도 있다. 가령 잠들기 전에 나는 항상 시계와 헤드폰에 충전기를 꽂아둔다. 그리고 전기 콘센트 옆에는 스포츠 브라와 레깅스, 상의, 러닝 재킷, 그리고 페이스 크림을 둔다. 이 습관은 단연코 내 일상 중에 가장 효과적이고 유용한 습관 중 하나다. 아침에 눈 뜨자마자 어둠 속에서 달리기에 필요한 것들을 찾기 위해 헤매지 않아도 되고, 한참 달리다가 갑자기 헤드폰이 꺼지는 일도 발생하지 않기 때문이다.

마지막으로 이른 아침 달리기를 하는 데 필수적인 준비 과정 중 하나가 조그만 통에 담긴 페이스 크림이다. 어느 계절이건 외부에서 달리기를 할 경우 바람과 비, 햇빛 모두 피부 노화를 앞당긴다. 솔직히 말해서 20대 때는 피부 노화에 대해서 그다지 신경 쓰지 않았지만, 지난 몇 년 동안 피부 보호에 대한 중요성을 예전보다 훨씬 더 자각하게 되었다. 그래서 매일 아침 SPF 모이스처라이징 페이스 크림을 사용한다. 작은 습관이지만 제법 효과가 있다. 무엇보다 중요한 것은 이 모든 준비가 채 5분도 걸리지 않기 때문에 오전 5시에는 어떤 결정도 내릴 필요가 없다는 점이다. 달리기가 남은 하루에 긍정적인 영향을 줄 것이라는 사실을 알고 있고, 오랜 시간에 걸쳐 그 사실을 몸소 체험했으며, 모든 것이 눈앞에 마련되어 있다는 것은 어떤 두뇌 회전도 필요치 않다는 것을 의미한다.

내가 이 유용한 습관을 만든 이유는 달리기를 위해 구태여 동기를 떠올릴 필요조차 없기 때문이다. 모든 게 자동이다. 그저 잠자리에서 일어나 움직이기만 하면 된다.

이런 식의 유용한 습관을 기르기 위해서는 반드시 거쳐야 할 세 가지 단계가 있다.

1단계: 습관 옷장을 털어라!

먼저 자신이 지닌 모든 습관을 다 적어본다. 빈 종이나 노트북에 평소의 습관들을 나열하는 것이다. 이는 마치 습관 옷장을 정리하는 것과 같다. 매시간 별로 분류해 적되 반드시 모든 것들을 솔직하게 기록하자. 이것을 읽고 평가할 사람은 당신 이외에 아무도 없다. 아니, 자기 자신에 대해서조차 평가하지 말자. 지금은 완벽할 필요도 없고, 매 순간을 생산적으로 보내야 하는 것도 아니다. 그저 자신이 습관적으로 어떤 시간을 보내는지 살펴보는 것 자체만으로도 소중한 가치를 지닌다.

다 꺼냈으면 이제 그 습관들을 '유용한 습관'과 '무용한 습관'으로 분류한다. 목록을 보고 다음과 같이 자문해보자.

'어떤 습관들이 내 시간을 빼앗고 있는가?'
'어떤 습관들이 에너지를 주기는커녕 더 많이 빼앗아 가는가?'
'어떤 습관들이 나에 대해 실망스러운 기분이 들게 하는가?'

이런 질문에 걸려드는 습관들부터 버려야 한다. 반면에 계속 유지하거나 심지어 더 강화하고 싶은 습관은 어떤 것인지 결정해야 한다.

'어떤 습관들이 나를 더 건강하게 해주는가?'

'어떤 습관들이 나를 더 좋은 부모, 배우자, 손자, 친구로 만들어주는가?'

'어떤 습관들이 원하는 삶을 꾸려나갈 수 있게 도와주는가?'

2단계: 연결하고 대체하고 집중하라

새롭고 유용한 습관을 만들고 싶다면 먼저 기존의 무언가와 연결하는 것부터 시작하는 것이 좋다. 잘하면 시간도 의지도 절약할 수 있다. 새로운 습관을 만들기 위해 따로 시간을 확보하는 것은 그다지 좋은 방법이 아니다. 그러니 이미 짜여 있는 시간표를 최대로 활용하도록 하자.

예컨대 매일 전철역까지 15분을 걷는다면 그 시간에 병행할 만한 습관이 무엇이 있을까? 부모나 친구에게 전화를 걸 수도 있고, 팟캐스트나 오디오북을 들을 수도 있을 것이다. 아니면 자아 성찰과 마음 챙김을 위해 침묵과 고독을 즐기는 좋은 시간이 될 수도 있다.

시간 관리의 고수들은 이런 자투리 시간을 정말 잘 활용한다. 주전자 물이 끓을 때까지 기다리는 시간을 생각해보자. 그 2분 동안 당신은 무엇을 하는가? 그저 멍하니 주전자만 바라볼 수도 있고, 신경계를 가라앉히기 위해 깊은 복식 호흡을 하거나 스트레칭을 할 수도 있을 것이다. 기존 일정에 새로운 습관을 덧붙이면 그 습관에 익숙해질 가능성이 훨씬 크다.

식생활과 다이어트에 관한 습관은 어떨까? 기존의 습관을 완전히 없애는 대신 새로운 습관으로 대체해보자. 예를 들어 저녁 식사 후에 와인을 한 잔씩 마시는 습관이 있다면, 와인 대신 탄산수나 무알코올 진토닉으로 바꿔보면 어떨까? 이런 식으로 하면 일상의 리추얼을 계속 유지하는 동시에 알코올 섭취량을 줄일 수도 있다.

잠시 내면을 성찰하면서 '어떤 식으로 새로운 습관을 만들고 싶은지' 잘 생각해보자. 세분화하여 점진적으로 바꿔 가는 방식을 좋아하는가, 아니면 하룻밤 새 180도 달라지는 것을 원하는가? 어떤 방식을 선택할지는 본인 몫이다.

마지막으로, 얼마나 많은 습관을 만들고 싶은지도 고려하자. 행동에 변화를 주는 것이 정말로 어려울 수 있는데, 한꺼번에 너무 많은 것을 바꾸려 들면 버거울 수 있다. 자칫하면 변화에 저항하게 되고, 심지어 새로운 습관을 들이지 못하게끔 스스로 장애물을 찾으려고 할 수도 있다. 그러니 우선은 가장 큰 효과를 불러올 만한 습관 하나를 골라 그것에 온전히 집중해보자.

3단계: 마찰을 가해 나쁜 습관을 선택하기 어렵게 하라

예를 들어 당신이 소셜 미디어에 중독되어 있다고 쳐보자. 전철을 타거나 키오스크 앞에서 차례를 기다릴 때, 혹은 저녁에 소파에 드러누워서도 당신은 그저 핸드폰만 들여다보며 많은 시간을 허비한다.

그래서 어느 날, 마침내 소셜 미디어에 치중하는 시간을 줄이기로 한다. 어떻게? 핸드폰을 들여다보는 과정에 마찰을 가하는 것, 한마디로 더 큰 노력을 들이지 않으면 안 되게 만드는 것이다. 예컨대 핸드폰의 세팅을 바꿔 매번 앱을 열 때마다 비밀번호를 입력하지 않으면 안 되게 하는 식이다. 작은 변화지만 비밀번호를 입력하는 그 짧은 순간만이라도 잠시 행동을 멈추게 되고, 따라서 앱을 여는 것 자체가 자동적인 습관이 아니라 의도적인 결정으로 바뀌게 된다. 비밀번호를 하루에 스무 번씩 입력할 것인가? 이런 작은 마찰 단계를 추가함으로써 핸드폰을 쳐다보는 시간이 줄어들 것이다.

마찬가지로 음식과 운동 습관에도 마찰을 가하여 유용한 습관을 만들 수 있다. 당연한 얘기지만, 식단을 개선하고자 한다면 집에 정크 푸드를 사다 놓지 않으면 된다. 너무 간단하지 않은가? 저녁 식사 후 달콤한 뭔가를 찾을 때 냉장고에 아이스크림이 있다면, 다시 한 번 의지의 근육에 기대야 한다. 하지만 집 안에 아이스크림이 없다면 그걸 사기 위해 가게까지 걸어가거나 운전을 해야 할 것이다. "에이, 귀찮아. 안 먹고 말지." 옳지, 이렇게 마찰을 가해서 무용한 습관들을 좀 더 멀찌감치 밀어내자.

　우리는 이런저런 습관들을 매일매일 반복하며 살아간다. 습관은 열심히 운동하겠다는 결심에서부터 식습관과 절약 습관, 그리고 시간을 보내는 방식에 이르기까지 모든 것에 영향을 준다. 유용한 습관을 완전히 내 것으로 만들고 나면 그때부터는 의지와 동기에 의존할 필요가 없게 된다. 자기 안에 잠들어 있는 잠재력을 일깨우고 싶다면, 먼저 유용한 습관을 만드는 것부터 시작하자.

삶을 진지하게 대한다면
잠에 대해서도 진지해져라

POWER

HOUR

수면의 힘을
되찾는 시간

4장

"결국 1시간 일찍 일어나란 얘기네요. 하지만 모자란 잠은 어떡하죠?"

파워 아워를 이야기할 때마다 꼭 듣는 질문이다. 하지만 1시간 일찍 일어난다고 해서 수면을 포기하라는 뜻은 아니다. 아니, 나는 오히려 수면을 최우선으로 여기며, 진정한 파워 아워의 비결도 바로 숙면에 있다. 당연하지 않은가? 잠을 잘 자야만 아침이 개운할 테니.

다만 문제는 오늘날 우리가 '잠 못 드는 사회'에서 살고 있다는 점이다.

확실히 요즘 세상은 숙면은커녕 아예 잠을 안 재우려고 작정한 것같다. 수면의 질과 수면 능력에 영향을 주는 요소는 한둘이 아니다. 우리는 365일 24시간 전 세계와 연결되어 있고, 밤이든 낮이든 지구 반대편의 친구와 이야기를 나눌 수 있다. 새벽까지 잠 못 드는 사람들의 시선은 어김없이 넷플릭스와 유튜브로 향해 있지 않은가. 인스타그램에는 언제나 새로운 포스트나 알림이 있고, 당신의 응답을 기다리는 그룹 채팅 메시지도 잔뜩 쌓여 있다. 고당도, 고카페인 음식, 운동 부족, 최소한의 외부 활동, 스트레스와 불안감, 인공 불빛, 다양한 일과 등 수많은 요소만으로도 모자라 수면 방해 요소들까지 더한다면, '잠 못 드는 좀비들의 사회'가 되는 것도 당연하다.

수면을 필수가 아닌 사치로 여기는 이들도 많다. 밤새워 일하는 것을 마치 영광의 배지처럼 여기는 것이다. 실제로 우리 사회는 성공을 꿈꾸는 젊은이들에게 더 열심히 일하고, 더 열심히 놀고, 다시 더 열심히 일하라고 부추긴다. 잠을 푹 자라는 말은 쏙 빠져 있다. 부업과 투잡, 쓰리잡을 당연시하고 오전 9시부터 오후 5시까지, 다시 오후 5시부터 밤 9시까지 일하는 젊은이들도 수두룩하다. 일과 육아를 병행하는 대부분의 맞벌이 부부는 늦은 밤까지 화상 회의, 수학 숙제 도와주기, 그리고 건강식 가정 요리로 이루어진다. 아이들을 재우고 나서도 컴퓨터를 켜고 몇 시간 더 일하다가 쓰러져 잠드는 엄마, 아빠들은 또 얼마나 많은지. 솔직히 물어보자. '업어 가도 모를 만큼' 깊이 잠들었던 적이 언제인가?

　파워 아워의 진정한 힘을 체험한 사람들은 누구보다 '잠의 소중함'을 절실히 깨닫게 된다. 그렇다, 하루의 첫 1시간을 위해 최우선으로 전제되어야 할 것이 '잠 잘 자기', 바로 숙면이다.

성공하고 싶다면 잠을 잘 자라

"수면 시간이 매일 습관적으로 6~7시간 미만일 경우, 면역 체계가 무너져 암에 걸릴 위험성이 두 배 이상 커진다."

"45세 이상 성인의 수면 시간이 하루 6시간 미만인 경우, 하루 7~8시간 잠자는 사람들보다 평생 심장 마비나 뇌졸중에 걸릴 가능성이 200% 더 높다."

매슈 워커(Matthew Walker)의 베스트셀러 《우리는 왜 잠을 자야 할까(Why We Sleep)》를 읽으면서 나는 잠이란 것에 대해 처음으로 진지하게 생각해보기 시작했다. 이 책에서 워커는 현대 사회가 이처럼 계속해서 잠을 무시한다면 결국은 파괴적인 결과를 피할 수 없을 거라고 주장한다. 솔직히 나는 수면이 음식이나 운동보다 더 건강에 막대한 영향을 끼치는지 몰랐고, 수면 부족이 알츠하이머, 암, 비만, 당뇨 등 주요 질병과 밀접한 연관성을 가지고 있다는 것도 몰랐다.

무엇보다 이 책은 '성공한 CEO들은 하루에 4~5시간밖에 안 잔다'라는 식의 틀에 박힌 이야기를 대놓고 반박한다. 일명 쇼트 슬리퍼(Short sleepers, 수면 시간이 짧은 사람들 – 옮긴이)'라 불리는 그들은 다른 사람들에게 '게으르다', '나약하다'라는 꼬리표를 붙여가며 자기네가 얼마나 적게 자는지를 자랑스럽게 떠벌리곤 한다. 하지만 난 이제 잠을 충분히 자라는 워커의 충고를 따르고 싶다. 규칙적이고 충분하면서도 질 좋은 수면이야말로 꼭 지켜야 할 일상 습관들 가운데 단연 최고로 꼽는다.

올림픽 멀리 뛰기 선수인 재즈민 소이어스(Jazmin Sawyers)는 자신을 '타고난 게으름뱅이'라고 묘사하곤 하지만, 솔직히 전혀 믿기지 않는다. 나와의 인터뷰에서 그녀는 이렇게 말했다.

내 비밀을 알려드릴까요? 내 비밀은 잠이에요. 나는 늘 몇 시부터 몇 시까지, 그리고 몇 시간 잤는지를 기록해왔죠. 그런데 그거 아세요? 멀리 뛰기에서 최고 기록을 낼 때는 언제나 잠을 아주 푹 자고 난 다음 날이었죠. 다른 건 없어요. 시합 전까지 준비 훈련 시스템도 그대로였죠. 그래요, 열쇠는 바로 잠이었어요. 잠은 우리가 생각하는 것보다 훨씬 더 중요해요. 잠을 줄이면서 일하는 것에 너무 익숙한 나머지 계속 그래도 괜찮다고 생각할 수 있겠죠. 하지만 오랜 기간에 걸쳐 필요한 만큼 충분히 잠을 자다 보면 알게 될 거예요. 어느샌가 몸도 마음도, 그리고 인생도 달라져 있을 테니까요.

한마디로 '승리하고 싶다면 잠을 자라'는 것이다!

수면 과학자인 소피 보스톡(Sophie Bostock) 박사를 처음 만난 것은 2019년, 어느 건강 관련 행사의 무대 뒤편에서였다. 그녀는 수면의 중요성을 널리 알리는 일에 누구보다 열정적이었다.

"잠은 삶의 모든 것을 떠받치는 토대입니다. 우리의 기분, 인지 기능, 집중력, 기억력, 심지어 면역 체계에도 영향을 주거든요. 그야말로 건강의 기본이죠. 잠을 잘 잘 수 있는 기반이 제대로 마련되어 있다면, 잘 살 수 있는 최적의 환경이 갖춰진 거예요."

잠이 그렇게 중요하다면, 우리가 잠자는 동안 도대체 무슨 일이 벌어지는 것일까? 수면의 기능이 과학적으로 모두 파악된 것은 아니지만, 잠을 자는 동안 건강 전반에 꼭 필요한 세 가지 핵심 과정들이 진행된다고 한다. 이 세 가지 과정이 없다면 우리 몸은 제대로 기능할 수 없을 것이다.

첫째, 치유하고 회복하고 성장시키기

잠자는 동안 우리 몸에서는 근육 치유와 세포 조직의 성장이 이루어진다. 규칙적으로 운동할 때(특히 지구력 훈련이나 근육 강화 운동 등) 충분한 수면이 중요한 것도 이 때문이다. 만일 수면이 부족하다면 몸은 완전히 치유되거나 회복할 수 없게 되고, 신체 단련 속도가 늦춰짐으로써 결국 부상의 가능성이 커질 수밖에 없다.

둘째, 뇌 건강 유지하기

잠자는 동안 우리 뇌는 기억력을 강화하고, 그날 입력된 새로운 정보들을 저장할 뿐만 아니라 뇌의 글림프 시스템이 온종일 쌓인 중추 신경계의 노폐물들을 제거한다. 덕분에 푹 자고 일어났을 때 우리의 신체와 뇌 기능이 활력을 되찾을 수 있는 것이다.

지속적인 수면 부족 상태에 놓여 있다면, 뇌 기능과 뇌 건강이 현저히 떨어지게 된다. 우리 몸은 굉장히 복잡해서 건강 상태가 좋을 때는 신체에 무슨 일이 벌어지는지 인식하지 못한다. 그게 인식된다면, 그땐 이미 뭔가가 잘못되었다는 뜻이다. 만일 오랫동안 수면 부족이 누적될 경우, 의사 결정 능력이나 집중력이 현저히 떨어질 것이다. 이따금 쇼핑 목록이나 로그인 비번을 까먹어서 짜증 날 때가 있는데, 수면 부족은 그보다 더 심각한 위험을 불러올 수 있다. 심지어 교통사고의 원인이 되기도 한다.

셋째, 감정 건강 지키기

수면은 식욕이나 기분 변화를 담당하는 호르몬을 조절한다. 따라서 잠이 부족하다면 감정 반응을 통제하는 기능도 당연히 저하된다. 또 지나치게 피로할 경우 우리 뇌에서 '투쟁 도피' 반응을 담당하는 편도체가 과민반응을 일으켜 스트레스와 불안감이 상승한다. 잠을 충분히 못 자서 짜증이 나고 지나치게 민감해진 경험이 있는가? 평소에는 툭툭 털어버릴 만큼 작은 일에도 갑자기 짜증을 내거나 울음을 터뜨린 적이 있는가? 일상적인 스트레스에 대처하는 능력이 0에 가깝게 느껴진다면 그것은 휴식, 즉 잠이 더 필요하다는 신호다.

나의 잠을 감시하고 관리하라

　나는 수면 부족일까, 아닐까? 나는 과연 충분히 자고 있을까? 일반적으로 성인의 경우 하루 평균 8시간 수면을 목표로 삼아야 한다. 수면 전문가들이 권하는 하루 평균 수면 시간도 7~9시간이다. 소피는 이렇게 말한다.

　"아주 조금 자고도 문제없이 활동하는 사람들도 있긴 하죠. 하지만 그렇게 짧은 수면 유전자를 지닌 사람은 전체 인구의 1%도 채 안 된답니다."

　자신의 수면 시간이 충분한지 알아보고 싶다면 다음 질문에 답해보자. 먼저 첫 번째 질문 세 가지다.

1. 아침에 일어날 때 충분히 쉰 것 같은 개운한 느낌이 드는가?
2. 알람이 울리기 전에 깨는 일이 자주 있는가?
3. 평일과 주말 모두 비슷한 시간대에 잠에서 깨는가?

다음은 두 번째 질문 세 가지다.

1. 잠에서 깬 뒤 1시간 안에 커피를 마시는 편인가?
2. 출근길에 기차나 버스 안에서 쉽게 잠이 드는가?
3. 주말에 2시간 이상 더 늦게 일어나는가?

만일 첫 번째 질문들에 '아니오'라고 답하고, 두 번째 질문들에 '네'라고 답했다면, 당신의 수면 시간은 충분하지 않거나 수면의 질이 나쁠 가능성이 크다. 반대로 밤에 쉽게 잠들고 아침에 비교적 개운한 느낌으로 일어난다면, 그리고 카페인에 기대지 않고도 온종일 말짱하게 깨어 있다면, 충분히 잘 자고 있다는 뜻이 된다. 충분한 수면은 몇 시간 정도일까? 사람에 따라 7시간, 8시간, 혹은 9시간이 될 수도 있다.

그럼 충분히 잘 수 있으려면 어떻게 해야 할까? 먼저 잠을 방해하는 요소가 무엇인지부터 찾아내야 한다. 언제? 지금 당장!

살다 보면 곧장 전념해야 할 최우선 요소가 생기게 마련이고, 지금 그것이 수면이라면 거기에 집중해야 한다. 쉽지 않다는 건 인정한다. 특히 양질의 수면이 가장 필요할 때가 바로 스트레스가 가장 높을 때라는 것도 안다. 이럴 땐 생각을 가라앉히고 잠들기가 거의 불가능하다. 마감 압박 속에서 일할 땐 더더욱 그렇다. 밤새워 일을 마무리하는 것이 몇 시간 더 자는 것보다 훨씬 더 중요하게 느껴지는 순간이지만, 오히려 이럴 때일수록 더 잘 자야만 일을 효과적으로 마무리할 수 있다. 시험이나 면접을 앞둔 날에도 우린 잠 못 든다. 잠을 잘 자야 한다는 사실을 아는 것 자체가 오히려 스트레스로 작용하여 잠을 설치게 된다. 이런 일이 발생하면 상당히 힘든데, 하루 이틀 잘 못 잔다고 해서 세상이 무너지지는 않는다는 사실을 명심하라. 가장 중요한 점은 양질의 규칙적인 수면 패턴을 유지하는 것이다.

"그러니까 수면 일지를 써보세요."

소피는 말한다. 매일 얼마나 잠을 자는지, 다음 날 아침에 일어났을 때 기분이 어떤지를 기록해보라는 얘기다. 몇 주 후면 일반적인 패턴이 보이기 시작할 것이고, 어쩌면 수면과 기분, 그리고 에너지 수준 사이에 명확한 연관 관계가 보일지도 모른다. 수면 일지는 현재 스케줄을 전체적으로 바라보는 좋은 방법이다. 다만 지나치게 세세한 사항까지 기록하거나 강조할 필요는 없다.

사람들은 대부분 수면 장애를 만나고 나서야 뒤늦게 자신의 수면 패턴을 살펴보기 시작한다. 게다가 수면 습관을 추적하는 기술이 효과적인지 아직 판단하기 이른 상태인데도 말이다. 사실 스마트워치나 건강 관련 앱 등에서 제공하는 수면 습관 추적 기능들이 그렇게 정확한 건 아니다. 최근에 진행된 한 수면 연구에 따르면 수면 습관 추적 기술이 부정확한 데이터를 제공하여 사람들이 그 결과에 집착하게 함으로써 오히려 수면 부족 증상을 악화시킬 수 있다고 경고한다.

이미 수면 부족을 걱정하고 있는 상태에서 수면 습관 추적 장치를 밤새도록 착용한 채 한밤중에 일곱 번이나 깼었다고 알려주는 그래프를 아침마다 핸드폰으로 확인한들 무슨 도움이 될 수 있을까? 도움은커녕 제대로 쉬는 것조차 더 힘들어지는 경우가 허다하다. 게다가 수면 시간은 계절에 따라 바뀌고 신체의 수면 패턴은 일조 시간, 방 온도, 그리고 월경 주기, 심지어 한 달의 어디쯤을 지나는가에 따라 항상 자연스럽게 변한다. 그러니 특정 기기나 프로그램에 의존하기보다는 자신의 에너지 수준과 기분을 스스로 관찰하고 평가하여 일지를 기록하는 편이 훨씬 낫다.

그런데 잠깐, 갓난아기를 키우는 부모들은 어떻게 해야 할까?

"더도 말고 딱 6시간만 자봤으면 좋겠어요."

아기를 키워본 사람이라면 매일 밤 아기 때문에 잠 못 드는 부모의

하소연에 공감할 것이다. 아기를 돌보는 일 자체가 엄청난 노동인데다 몇 달 동안 잠 한 번 제대로 못 잔다면, 정서적으로나 신체적으로 심각한 상태가 되지 않을까? 소피에게 물어보자.

"하지만, 그렇다고 너무 걱정할 필요는 없어요. 우리 몸은 일시적인 수면 부족에 적응할 수 있도록 만들어졌거든요. 수면에는 여러 가지 변화가 빈번하게 발생하기 마련이에요. 몇 주, 혹은 몇 달 동안 잠을 제대로 못 자더라도 크게 당황하지 말고, 변화가 가능해졌을 때 이상적인 수면 생활로 되돌아가면 됩니다."

그러니까 만일 당신이 아이 때문에, 혹은 어떤 이유로든 밤새 깨어 있어야 하는 상황에 놓였다 해도 '이런 생활이 영원히 지속되지는 않을 것'이라는 사실을 잊지 말자. 진부하지만, 가능한 한 잠을 많이 자도록 노력하라는 말이 내가 해줄 수 있는 최고의 충고다. 당신이 통제할 수 있는 것들로는 무엇이 있는가? 어쩌면 '40분 일찍 잠자리에 드는 것이 얼마나 도움이 될까?' 하고 생각할 수도 있겠지만, 일주일이면 4시간을 더 잘 수 있는 것이다. 파트너와 밤 근무를 돌아가면서 할 수 있겠는가? 아이들이 낮잠 잘 때 당신도 같이 잘 수 있겠는가? 지금 당장 자신에게 가장 효과적인 것이 무엇인지 생각해보라.

'1시간 일찍 일어나기'보다
'1시간 일찍 잠들기'

"나는 아무래도 올빼미형인 것 같아요."

"저는 아침형 인간이 맞아요."

글쎄, 과연 실제로 그럴까? 영국 국민 보건 서비스의 가정의이자 TV 진행자인 조 윌리엄스 박사는 이렇게 말한다.

"크로노타입(chronotype, 각자에게 잘 맞는 활동 시간대를 나타내는 일주 기성 – 옮긴이)은 가족 사이에 유전되는 경향이 있어요. 예컨대 우리 가족은 모두 올빼미형 인간이죠. 유전적으로 우리는 모두 아침형 인간이나 올빼미형 인간, 둘 중에 어느 한 가지 유형을 지니고 태어납니다. 그래서 올빼미형 인간이 오전 9시 이전에 출근하는 게 그렇게도 힘든 거죠. 왜냐하면 몸이 자연스럽게 쉬고 싶어지는 때가 바로 하루 중 첫 반나절이기 때문이에요."

어쩌면 지금 당신은, '그래, 맞아! 딱 나야. 역시 난 올빼미형 인간이야'라고 생각할지도 모른다. 하지만 잠깐, 당신의 생활 방식에 스스로 올빼미형이라고 오해하게 할 만한 요소들이 담겨 있지는 않은지 잘 살펴보길 바란다. 수년 동안 밤늦게 잠들었다고 해서 당신이 꼭 타고난 올빼미형인 것은 아니다. 수면 일정이 유전자보다는 생활 방식과 사회생활 달력에 의해 좌우되고 있을지도 모르기 때문이다. 실제 크로노타입을 파악하는 데 도움이 되는 몇 가지 신호들을 살펴보자.

- 아침형 인간은 아침에 왕성한 식욕을 느끼는 경향이 있고, 올빼미형 인간은 아침을 거르는 경향이 있다.
- 아침형 인간은 글쓰기처럼 집중을 요하는 일을 아침에 할 수 있고, 올빼미형 인간은 저녁에 최대한 능력을 발휘하고 새벽까지 일하는 데 어려움을 느끼지 않는다. 올빼미형 인간은 저녁 8시 이후에 저녁 식사를 해도 만족할 것이다.
- 아침형 인간은 오전 운동을 선호한다.

나는 매일 아침 5시 반 전에 일어난다. 그리고 오전 중에 능력을 가장 잘 발휘한다. 그럼 난 아침형 인간일까? 하지만 예전엔 정반대였다. 댄서 시절에 나는 거의 2년 동안 매일 밤 웨스트엔드에서 뮤지컬 공연을 했다. 저녁 공연은 7시 반에 시작해서 10시 15분에 끝난다. 고강도 록 뮤지컬이었기 때문에 무대 위에서 발산하는 에너지가 어마어마했다.

그렇게 매일 밤 2천여 명의 관객 앞에서 공연을 펼친 뒤 아드레날린이 뿜어 나오는 상태로 극장을 나섰다. 그리고 홀본 역까지 걸어가 샌드위치와 초콜릿을 사 들고 집에 도착하면 어느새 11시 반, 하지만 나는 여전히 잠이 오지 않았고, 자정 넘도록 샤워를 하며 노래를 부르곤 했다.

그것도 모자라 하루를 마무리하기 위해 책을 읽었다. 수년 동안 나는 이런 방식으로 살았고, 당연히 그때는 나 자신을 전형적인 올빼미형 인간이라 믿어 의심치 않았다.

그렇다면 지금의 나는 타고난 아침형 인간일까, 아니면 그저 아침 일정에 잘 적응해버린 올빼미형 인간일까? 나는 닥터 조에게 물어봤다.

"조, 혹시 노력으로 올빼미형에서 아침형으로 바뀔 수 있을까요? 그러니까 24시간 주기 리듬을 바꾸고 신체를 단련한다면?"

24시간 주기, 혹은 수면/각성 주기라고도 알려진 이 리듬은 졸린 상태와 각성한 상태가 일정한 간격으로 바뀌는 주기를 뜻한다. 내 질문에 닥터 조는 이렇게 대답했다.

"수면 패턴을 바꾸더라도 여전히 어느 하나의 성향이 더 많이 자리 잡고 있겠죠. 그래서 기존의 일정을 없애고 새로운 일정을 세웠다면, 끈기 있게 새로운 일정을 고수해야만 해요. 그래야 예전의 패턴으로 쉽게 되돌아가는 일이 발생하지 않아요."

알람을 1시간 일찍 맞춰놓을 생각이라면, 이제 당신이 목표로 삼아야 할 것은 1시간 일찍 잠자리에 드는 것뿐이다. 너무도 당연한 말이지만, 아직은 이보다 더 괜찮은 팁을 찾지 못했다.

내가 맨 처음 파워 아워를 위해 1시간 일찍 일어나기 시작했을 때 가장 힘들었던 것도 바로 1시간 일찍 잠자리에 드는 일이었다. 내게는 아침에 일어나 조깅하러 나가는 것보다 저녁에 핸드폰을 내려놓고 잠드는 것이 더 힘들었다. 10분만 더 짤을 보고 싶은 유혹을 피하기 위해서는 닌자와 같은 자제력이 필요했다.

일단 취침 시간을 고수하기 시작하면 아침에 일어나는 것은 쉬운 일이다. 일주일을 테스트 기간으로 삼고 7일 동안 평소보다 1시간 일찍 잠자리에 들어보자. 일주일 동안 꾸준히 그렇게 한다면 8일째에는 아마도 알람이 울리기 전에 눈을 뜨게 되어 무엇이든 할 수 있겠다는 느낌이 들 것이다. 이 작은 변화가 당신 인생에 불러올 영향을 절대로 과소평가하지 말자. 핑계나 변명은 멀리 던져버리자. 어쨌든 그저 '1시간'일 뿐이지 않은가.

최고의 잠을 위한 세 가지 기술

수면이 얼마나 중요한지 아는 것이 첫 단계이고, 숙면을 망치는 요인들이 무엇인지 아는 것은 두 번째 단계다. 자, 그럼 이제 어떻게 할 것인가? 지금 당장 뭔가 긍정적인 변화를 시작할 순 없을까? (잠깐, 만약 지금 잠자리에 들 시간이 지났다면 당장 책을 내려놓고 잠들기를! 이제부터 중요한 부분이니 내일 다시 읽기 시작하라.)

수면 일정을 최적화하고 잠에서 깨자마자 파워 아워를 시작하고 싶어지게 만드는 세 가지 팁을 소개한다.

나를 위한 최고의 잠자리 공간을 만들자

침실은 단연코 조용하고 방해받지 않는 곳에 있어야 한다. 잡다하고 너저분한 물건들은 싹 치워버리고, 가능하면 침실까지 일거리를 들고 오지 말자. 해야 할 프로젝트나 할 일 목록, 각종 서류 등이 눈앞에 어른거리면 밤에 불 끄기가 힘들어진다.

침실의 전구나 스탠드는 낮은 와트가 좋고, 저녁 8시 이후에는 밝은 빛을 피하자. 방 안은 최대한 어두워야 한다. 밝은 빛이 조금이라도 노출되면 수면의 질에 영향을 주기 때문이다. 영국 수면 재단에 따르면 침실 안에서 인공 불빛을 제대로 막아야 하며 (예컨대 알람 시계의 불빛도 자신을 향하지 않게 놓는 등), 꼭 필요한 경우에만 불빛을 사용해야 한다.

나는 암막 블라인드로 방 안을 최대한 어둡게 만들었고, 방 안에는 전자기기들을 놔두지 않는다. 일단 불을 끄고 나면 코앞에 손을 갖다대도 보일까 말까 할 정도다. 물론 익숙해지기까지 시간이 좀 걸리긴 했지만, 요즘은 밤새 단 한 번도 깨지 않고 7~8시간을 잘 수 있다.

여행 중에는 항상 호텔 알람 시계 불빛을 종이나 책으로 가리고, TV 코드를 뽑아 거슬리는 빨간색 LED 불빛이 나오지 않게 한다. 그래도 방을 어둡게 만들 수 없는 상황이라면 눈가리개를 고려할 수도 있다.

고요함과 편안한 느낌을 위해 침실 안에 화초를 놔두면 어떨까?

가령 담쟁이덩굴 같은 화초들은 자연 친화적인 공기 청정기 역할을 한다. 담쟁이덩굴은 대개 옥외 식물로 쓰이지만, 방 안에 놓으면 몇 시간 만에 공기 중에 떠다니는 곰팡이 수가 급격하게 줄어든다. 알레르기로 고생하는 사람들에게는 고마운 화초가 아닐 수 없다. 또 산세비에리아 같은 화초는 밤에 산소를 공급하기 때문에 숙면에 큰 도움을 준다. 라벤더 향은 신경을 안정시켜 줄 뿐만 아니라 혈압과 심박수를 줄여주기도 한다.

나는 잠들기 전에 숙면을 위해 베개에 스프레이를 뿌리곤 한다. 이 스프레이는 여행용으로도 훌륭하다. 세상 어디에서건 이 스프레이를 뿌리는 순간 내 침대에 누운 느낌이 든다. 내 후각이 향을 인식하는 순간, 그것을 곧장 수면과 연관 짓는 것이다. 위약 효과일 수도 있지만 어쨌든 향이 좋아서 나쁠 건 없지 않은가?

잠들기 좋은 안식처를 조성했다면 이제 방 안에 있는 전자기기를 몽땅 치워버리자. 텔레비전, 노트북 컴퓨터는 물론 핸드폰도 두지 말자. 전자기기 스크린의 블루라이트는 대낮의 태양만큼 뇌 부위를 자극한다. 스크린을 끈 뒤에도 최대 90분까지 블루라이트가 뇌 기능에 영향을 준다는 연구 결과들도 있다.

만일 밤 11시에도 노트북 컴퓨터를 들여다보고 있다면 새벽까지도 깊이 잠들지 못할 것이다. 어쩔 수 없는 경우라면 블루라이트 차단용 안경이라도 착용하자. 전자기기들이 눈과 뇌, 그리고 수면에 끼치는 악영향들을 어느 정도 줄일 수 있다.

끝으로, 약간 무리해서라도 최고급 매트리스에 투자하길 권한다. 잘 찾아보면 일정 기간 무료 사용이 가능한 매트리스들도 있으니 까다롭게 구는 것을 두려워하지 말라. 따분하게 들릴지 모르지만, 좋은 매트리스를 찾는 것은 마치 좋은 헤어 디자이너를 찾는 것과도 같다. 시간을 따로 내어 찾다 보면 자신에게 딱 맞는 매트리스를 찾게 될 것이다.

잘 먹자

당신은 오늘 무엇을, 언제, 어떻게 먹었는가? 이는 수면 패턴과 에너지 수준에 지대한 영향을 끼친다. 다이어트 트렌드와 건강 관련 기사들은 매주 다른 주장을 쏟아내는 것 같다. 다양한 조언들은 오히려 판단을 흐리게 만들고, 사실과 일시적인 유행을 구분하기 어렵게 만든다.

체중 관리나 체중 감량에만 초점이 맞춰지는 경우도 지나치게 많다. 사실 다이어트와 영양이 중요한 이유는 그보다 훨씬 많다. 예컨대 고당도 가공 음식을 온종일 먹으면 혈당이 급격하게 올라갈 수 있다. 에너지가 절정에 달하다가 급격하게 떨어지는 일을 경험할 때 커피 한 잔을 마시거나 당을 더 많이 섭취하는 것으로 자극을 받는다면 같은 패턴이 계속 반복되어 신체를 혼란스럽게 한다. 열량은 차치하고라도 이렇게 혈당 변화가 계속 발생하면 밤에 충분히 잔다고 해도 늘 피로해질 수 있다.

그렇다면 어떤 음식이 숙면에 도움이 될까?

대체로 수면의 질을 높여주는 식단은 건강에 도움이 되는 식단과 유사하다. 다양한 종류의 탄수화물과 단백질, 지방과 섬유질이 포함되어야 하고, 가공식품과 알코올 섭취 비율이 낮아야 한다. 놀랍게도 일부 음식에는 멜라토닌이라 불리는 천연 호르몬이 들어 있어 졸린 느낌이 든다. 예컨대 달걀, 생선, 아몬드, 체리가 많이 포함된 식단은 실제로 숙면에 도움을 준다.

천연 근이완제인 칼륨과 마그네슘이 함유된 음식도 좋다(바나나는 두 가지를 모두 함유하고 있다). 자기 전에 따뜻한 차나 우유 한 잔도 완벽한 진정제가 되어줄 수 있다. 나는 카페인이 없는 루이보스 차나 귀리 우유로 만든 디카페인 차를 마신다.

늦은 과식이 몸에 나쁘다는 것쯤은 누구나 알고 있다. 내과 의사인 랭건 채터지 박사(Dr. Rangan Chatterjee)는 잠들기 3시간 전에 마지막 식사를 끝내라고 권한다. 가장 이상적인 조건은 배고픈 상태는 아니면서 잠들기 전에 휴식을 취하고 소화를 시킬 만큼 충분한 시간을 갖는 것이다.

그렇게 일찌감치 잠자리에 들긴 했는데 막상 누웠더니 말똥말똥하다면? 섭취하는 음식에서 카페인을 줄이거나 심지어 아예 섭취하지 않는 것이 좋은 출발점이 될 수 있다. 전 세계에서 가장 인기 있는 마약인 카페인은 인지 기능과 집중력을 높여주는 자극제로 기분이 좋아지게 한다. 대다수 사람이 아침에 잠을 깨기 위해 커피나 카페인 음료를 섭취할 필요가 있다고 말한다. 그들은 오후에도 에너지를 얻기 위해 카페인을 이용한다. 하지만 다른 마약과 마찬가지로 카페인 역시 점점 내성이 증가하므로 똑같은 수준을 유지하려면 갈수록 더 많은 카페인이 필요하게 된다.

문제는 잠을 제대로 자지 못하는 사람들이 낮 동안 느끼는 피로 때문에 커피나 에너지 음료에 의존하게 되고, 또 그로 인해 다시 밤에 잠들지 못하게 되는 악순환이 발생한다는 점이다. 소피가 오전에 카페인을 섭취하라고 조언하는 이유도 바로 여기에 있다. 카페인은 몸속에 최소 여섯 시간에서 최대 열두 시간까지 남기 때문에 오전 이후에 커피를 마시면 수면에 부정적인 영향을 줄 것이다. 카페인 섭취를 줄이기로 했다면 전혀 안 마시는 방법보다는 디카페인 커피로 바꾸는 방법을 고려해보자.

온몸으로 햇빛을 받아들이자

자연광을 쐴 수 있는 낮 동안 바깥에서 활동하는 것이 생물학적 리듬을 조절하는 데 도움이 될 수 있다. 생물학적 리듬은 시상하부라고 불리는 뇌 일부분에 의해 통제된다. 가령 햇빛이나 어둠 같은 외부 요소들이 취침 시간과 기상 시간 등의 신호를 시상하부로 보낸다. 소피는 말한다.

"그러니까 매일 오전 시간에 잠시라도 바깥 활동을 하라는 거예요."

이것이 몸을 각성 상태로 만드는 가장 확실한 방법이기 때문이다. 파워 아워에 외부 활동 시간이 포함되지 않는다면, 자전거를 타고 출근하거나 점심시간에 공원을 산책하는 방법도 생각해볼 수 있다.

아무튼 아침에 일어나면 제일 먼저 커튼을 젖혀 햇빛이 들어오게 하자. 어두운 침실 이불 속에 웅크린 채 뒹굴뒹굴하지 말자. 겨울이라 아직 해가 뜨지 않았다면 루미(Lumie) 시계처럼 동트는 것과 비슷한 효과를 주는 알람을 사용하는 방법도 있다. 밝은 빛을 서서히 조절해가며 일출과 일몰 효과를 내도록 고안된 루미 시계는 무엇보다 파워 아워에 큰 도움이 된다. 자연광에 노출되면 낮 동안 뇌의 각성을 증가시켜 주는데, 이는 다시 밤에 숙면하는 데 도움을 주기도 한다.

날이 어두워지기 시작하면 뇌는 몸에 신호를 보내어 멜라토닌을 방출하게 한다. 그런데 이 과정은 시차나 교대 근무, 혹은 밤늦게 넷플릭스를 보는 행위 등으로 쉽게 방해받을 수 있다. 현대인은 대부분 잠자리에 드는 순간까지 불을 켜놓고 지낸다. 저녁에 밝은 빛에 노출

되면 신체 내면의 리듬이 혼란스럽게 되는데, 그러면 아무리 피곤해도 쉽게 잠들지 못할 수가 있다. 시험 삼아 밤 9시에 모든 전깃불을 끄고 대신 촛불을 켜보라. 1시간 안에 하품이 나오고 졸릴 것이다.

몸을 재우기 전에 마음부터 재울 것

"난 이미 모든 것을 제대로 하고 있어요. 침실에 전자기기도 없고, 아침 일찍 일어나 운동도 하고, 음료는 디카페인으로 바꿨죠. 침실을 어둡게 하고 화초도 갖다 놨어요. 그런데도 마음이 어지러워 잠을 설칠 때가 있어요. 왜 그런 거죠?"

맞다. 어떤 날은 머리가 베개에 닿는 순간 갑자기 말똥말똥해지면서 온갖 잡념들이 몰려올 때가 있다. 일단 그렇게 내면의 속삭임이 시작되면 중단하고 잠들기가 보통 어려운 게 아니다. 내 경우엔 주로 이런 속삭임이 들려온다.

'그래, 오늘은 좋은 날이었어. 나탈리가 보낸 문자에 내일 꼭 답장해야지. 아참, 제스한테 슬라이드를 PDF 형식으로 보냈다고 알려줘야 해. 그나저나 오늘이 무슨 요일이지? 화요일이네. 목요일에 에이샤를 만나는데, 레스토랑 예약은 했나 몰라? 꼭 예약해야 해. 아, 이 침대는 정말 편해. 저런! 주드 수영 강습이 내일 아침 5시였나 5시 반이었나? 확인해봐. 알았어, 이제 자자. 금요일 전까지 해야 할 일이 너무 많아. 지금은 걱정하지 말고 자는 거야. 그런데 잠깐! 지금이 브렉시트나 기후 변화에 대해 생각해보기 딱 좋은 시간인데. 아냐. 자자, 제발.'

혹시 나만 그런가? 설마.

이렇게 나 홀로 수다스러운 밤들 때문에 내가 침대 밑에 노트를 두는 것이다. 끝없이 솟아나는 생각과 질문을 한 페이지에 모두 쏟아놓고 노트를 덮어버리는 것이다.

이렇게 하면 좋은 점 두 가지! 첫째, 일단 노트에 다 적어놨으니 중요한 사항을 잊지 않을 거라는 사실을 안다. 따라서 지금 당장은 잊어버리고 편안하게 잠들 수가 있다. 둘째, 생각을 적어 내려가는 동안 피곤함을 느끼게 된다. 문자 그대로 몇 분도 지나지 않아 하품이 나온다. 어쨌든 임무를 완수한 것이다.

대개 밤마다 마음이 어수선하다고 느끼는 이유는 하루 내내 이런

저런 일들을 처리하느라 마음속 잡념들을 모두 처리할 시간을 가지지 못했기 때문이다. 성과가 높은 사람들은 대부분 '마음 챙김'을 연습한다.

대표적인 마음 챙김으로는 명상이나 호흡 요법, 일기 쓰기 등이 있다. 그런데 안타깝게도 마음 챙김을 단숨에 숙달할 수 있는 지름길은 존재하지 않는다. 마음 챙김에는 인내와 시간이 필요하다. 나는 명상이라는 것을 한 번도 제대로 해보려고 한 적이 없는데 그래도 상관없다.

"에이드리엔, 명상을 배워야 해. 명상은 정말 중요해. 당신 같은 사람들은 명상을 꼭 해야 해."

이런 말을 얼마나 많이 들어봤는지 모른다. 하지만 나는 여전히 호흡 요법을 선호한다. 호흡 요법은 실제로 내 인생을 바꿔놓았으며 배우면 배울수록 더 많이 연습하고 싶어진다.

호흡 요법이란 간단히 말해서 의식적으로 호흡 패턴을 바꾸는 방법이다. 몇 분 동안 일정한 리듬을 타면서 숨 들이마시기와 내쉬기를 반복하는 것처럼 단순한 방법도 있고, 체내의 산소량을 극적으로 증가시키는 식의 강한 호흡 패턴 방법도 있다. 호흡 요법에 익숙해지려면 어느 정도 시간이 필요하지만, 그 효과는 즉시 나타난다.

'아이스맨(The Iceman)'으로 잘 알려진 윔 호프(Wim Hof)는 네덜란드 태생의 호흡 요법 선구자이자 극한 스포츠 선수이며 세계 기록 보유자이기도 하다. 그는 '호흡의 힘'을 이용하여 믿기지 않을 만큼 놀라운 능력을 직접 입증해 보였다. 북극 얼음물에 6분 20초 동안 잠수했고, 영하 20도 추위에 맨발로 눈과 얼음 위를 달리는 하프 마라톤을 완주했으며 여러 차례 의학 실험 대상이 되기도 했다. 세계적인 의학 박사들 앞에서 그는 자신의 이름을 딴 윔 호프 호흡법으로 이전까지 불가능하게 여겨졌던 일들이 얼마든지 가능하다는 사실을 몸소 보여주었다.

호흡의 힘은 상상을 초월한다. 과학 기술지 기자이면서 《호흡의 기술(Breath: The New Science of a Lost Art)》의 저자인 제임스 네스터(James Nestor)는 말한다.

"우리는 호흡 요법과 인간의 잠재력이 지닌 가능성을 겨우 표면만 살펴보고 있을 뿐이다."

규칙적으로 호흡 요법을 연습하면 우리 몸은 어떻게 변할까? 우선 면역력이 향상되면서 과거의 고통과 트라우마에 대한 감정적인 치유, 자의식 향상, 그리고 스트레스 감소 등 수많은 긍정적 효과를 얻을 수 있다. 그래도 못 믿겠다면 직접 알아보고, 실제로 체험해보길 바란다.

스트레스로 잠을 설친다면 자신에게 맞는 마음 챙김 연습법을 찾아야 할 것이다. 스트레스는 관리의 대상이다. 단순히 스트레스를 피하라고 제안하는 것만큼 무책임하고 비현실적인 일도 없을 것이다. 살면서 스트레스를 완전히 없앤다는 것은 불가능하기 때문이다.

"스트레스는 나쁜 것이고, 스트레스가 노화와 만성질환 등 온갖 질병을 유발한다."

누구나 이런 말을 들어봤겠지만, 솔직히 이 말 자체가 더욱 스트레스를 유발하지 않던가? 건강 심리학자인 켈리 맥고니걸(Kelly McGonigal)은 이렇게 충고한다.

"스트레스에 대한 우리의 마음가짐부터 이해해야 할 필요가 있어요."

그녀는 우리가 스트레스를 대하는 방식 역시 그만큼 해로울 수 있다고 설명한다. 그렇게 나쁜 스트레스들이 온통 내 삶을 가득 채우고 있다는 식의 이야기를 거듭해서 듣게 되면 우리의 몸과 마음도 끝없이 부정적인 영향을 받을 수밖에 없다는 얘기다.

여기서 잠깐, 생각을 바꿔보자. 혹시 스트레스에도 긍정적인 요소가 있진 않을까? 당신은 정말로 스트레스가 발목을 잡는다고 믿는가? 어쩌면 스트레스에 자극을 받아 오히려 회복력과 문제 해결 능력이 더 향상될 때도 있지 않을까? 마감에 쫓길수록 더 빨리, 더 뛰어난 결과물을 내놓는 이른바 데드라인 효과가 증명하듯 실제로 우리 주변에는 압력을 받을 때 일이 더 잘된다는 사람들이 꼭 있다.

켈리의 연구에 따르면 스트레스에 대한 부정적인 믿음 때문에 한사코 피하려고만 하는 사람들일수록 이혼할 경향이 더 많고, 직장에서 승진할 가능성이 더 적다고 한다. 배우자와의 스트레스나 갈등을 회피하기에 급급한 나머지 어렵지만 매우 중요한 대화의 기회마저 놓치기 때문이다.

마찬가지로 직장에서 스트레스를 피하고자 모두를 만족시키려고 노력한다면 다수의 의견을 따를 가능성이 커지고, 나아가 어려운 프로젝트를 맡겠다고 나서거나 더 큰 책임을 떠안을 가능성이 작아진다. 누구나 압박을 받는 상황에 놓이거나 편안한 영역을 벗어나면 스트레스를 받을 수 있다. 하지만 그렇다고 그것이 꼭 나쁘기만 한 것은 아니다.

스트레스에 대해서 달리 생각할 수 있는 또 한 가지 방법으로는 다음과 같은 것이 있다. 대개 우리는 우리가 중요하게 생각하는 것에 대해서만 스트레스를 받거나 신경을 쓴다. 스트레스를 받는다는 것은 다시 말해 살면서 소중하게 생각하는 것들이 존재함을 의미한다. 나는 종종 이런 식으로 생각하려고 노력한다.

'에이드리엔, 이런 문제들이 있는 게 행운인 줄 알아. 여기서 내가 하고자 하는 말은 비록 모기지론과 각종 청구서들이 스트레스를 줄수는 있지만, 그것은 곧 네가 좋은 집에서 살고 있다는 것을 의미한다는 거야.'

주어진 시간과 사회적 책임을 어떻게 관리할 것인지에 대해 스트레스를 받는다는 것은 나와 함께 시간을 보내고 싶어 하는 사람들이 많다는 것을 의미한다. 바람직한 문젯거리다. 물론 살면서 발생하는 모든 문제와 스트레스가 다 그렇다는 건 아니다. 다만 밤에 자고 싶은데 이 모든 문제 때문에 잠들 수 없다면, 나의 스트레스 목록을 훑어보곤 한다. 그러다 보면 내가 깊이 생각해야 할 문제들이 이렇게 많다는 것에 오히려 감사하는 마음을 갖게 된다.

세상은 앞으로도 우리의 시간과 에너지를 점점 더 많이 요구해올 것이다. 끝없이 새로운 것을 만들어내며 잠자는 것보다 더 재미있고 흥미로워 보이는, 뭔가 새롭고 반짝이는 방해 요소들로 우리를 유혹하겠지만, 그렇다고 그게 핑곗거리가 될 수는 없다.

인간은 테크놀로지와 같은 속도로 진화해오지 않았다. 우리 몸의 작동 과정은 수십만 년 동안 변함이 없었다. 싫든 좋든 우리는 잠을 자야만 하고, 수면 부족이 계속 이어지는 상태에서 최고의 실력을 발휘할 수는 없는 법이다.

누구나 모두 좋은 기분을 느끼고 싶어 한다. 그리고 우리의 기분과 에너지 수치가 수면과 직접적으로 연관이 있다는 사실은 부인할 수 없다. 잠을 잘 자면 기분이 훨씬 더 좋아질 것이고 더욱 잘 살 수 있을 것이다. 항상 피곤하기만 하면 어떻게 원하는 인생을 만들고 실제로 살아갈 수 있겠는가? 진지하게 목표를 달성하고자 한다면, 정말로 파워 아워를 100% 활용하고 싶다면 수면에 대해서 좀 더 진지해져야 한다.

나의 삶 속에
어떤 사람들이 들어와 있는가?

POWER

HOUR

사람과 나를
연결하는 시간

5장

혼자서는 조금밖에 할 수 없지만, 함께라면 많은 것을 할 수 있다.

-헬렌 켈러

스파르탄 울트라(Spartan Ultra)는 60가지 장애물을 거치면서 48km를 완주해야 하는 경기다. 이 경기는 특히 컷오프 시간을 엄격하게 제한하는데, 아쉽게도 많은 선수가 결승선을 통과하지 못한다. 장애물의 난이도가 들쑥날쑥해서 기술과 힘, 인내력을 모두 갖춰야만 통과할 수 있기 때문이다. 경기 코스는 매년 바뀌며 가장 강하다고 평가받는 선수들도 매번 자신의 한계를 뛰어넘어야 한다.

내가 이 경기에 흥미를 느낀 것은, 사실상 혼자서는 이 코스를 완주하기가 불가능하다는 점 때문이었다. 스파르탄 울트라는 다른 사람들과 힘을 합쳐야만 다음 장애물로 나아갈 수 있는 독특한 경기다. 16km를 뛰었는데 날씨는 춥고, 옷은 젖은 데다 진흙투성이라면 몸이 극심하게 피로해지기 시작할 것이다. 하지만 이제 겨우 3분의 1밖에 통과하지 못했고, 2.5km 높이의 나무로 된 뒤집힌 벽 아래쪽에 서 있다면? 어쩔 수 없이 장애물을 통과하기 위해 다른 선수들과 힘을 합쳐 서로서로 들어 올려야만 한다. 가령 든든한 버팀목이 되어주는 다른 두 사람과 팀을 이뤘다고 하자. 그럼 문자 그대로 그들의 어깨를 밟고 올라서서 벽의 맨 윗부분에 손을 뻗어야 한다. 맨 윗부분을 잡고 자기 몸을 끌어 올리고 나서 '고마워요, 나중에 봐요'라며 훌쩍 떠나는 사람은 없을 것이다. 다시 뒤돌아서 도와준 사람들을 끌어올릴 것이다. 이런 식으로 팀을 이루는 것만이 승리할 수 있는 유일한 방법이다.

짐작하다시피 스파르탄 경기는 그 자체로 인생의 축소판이다. 매 순간이 경쟁 같으면서도 때로는 서로의 도움이 절대적으로 필요할 때도 있고, 또 혼자서는 도저히 달성할 수 없는 목표를 만날 때도 있다. 따라서 그런 것들이 무엇인지 파악하고 언제든 도움을 요청하거나 반대로 도움을 줄 수도 있어야 한다.

살다 보면 하루의 첫 1시간을 꼬박 '사람에 관한 생각'으로 채워야 할 때가 온다. 필요하다면 커다란 보드 정중앙에 '나'를 써넣은 다음, 나를 둘러싼 사람들의 이름을 방사형으로 깨알같이 적게 될 수도 있다. 그런 다음 자신에게 물어보라.

나에게 필요한 강점은 무엇인가? 아는 사람 중에 내가 벽을 타고 넘을 수 있게 도와줄 수 있는 사람이 있는가? 나보다 앞서 그런 경험을 해보았고, 내가 이루고자 하는 목표가 무엇인지 아는 사람은 누구일까? 그리고 그런 장애물을 넘고 나면, 항상 뒤돌아서서 다음에 누가 올라오는지 보라. 반드시 그 사람들을 끌어올려줘야 한다.

집단이나 공동체, 네트워크, 팀… 뭐라고 부르건 간에 하나의 종으로서 우리의 생존 여부는 언제나 다른 누군가와 협력하는 능력에 달려 있다. 이는 비단 직장이나 비즈니스 네트워크만을 이야기하는 것이 아니다. 가족과 친구 등 사적인 관계까지 모두 포함된다. 어떤 관계는 나에게서 가져가는 에너지보다 더 많은 에너지를 주고, 어떤 사람들은 자연스럽게 내 안에서 최선의 모습을 끌어내주는가 하면, 끊임없이 나에게 도전하는 사람들도 있다. 사람은 누구나 자기 삶 속에 들어온 사람들에 의해 크고 작은 영향을 받는다. 그리고 이것을 인식하는 것이야말로 사람의 힘을 활용하는 첫 단계다.

나는 어떤 집단에 속해 있는가

"사람의 식습관이나 운동 같은 요소들보다 우리 건강에 훨씬 더 중요한 것들이 있다. 그것은 바로 사회적 연결, 다른 사람들과 교류하는 방식, 그리고 우리의 정신적인 태도 등이다."

과학자이며 기자인 마르타 자라스카(Marta Zaraska)가 한 말이다. 바꿔 말하면 인간의 건강에 가장 부정적인 영향을 주는 것이 바로 고립이라는 얘기다. 그리고 고립의 반대는 '공동체에 순응하기'일 것이다.

공동체 안에서 산다는 것은 그 집단이 허용하는 방식대로 행동하고 처신한다는 뜻이다. 이는 우리가 입는 옷에서부터 말하고 생각하는 방식, 심지어 우리가 움직이는 방식에까지 영향을 미친다. 예컨대 우리는 출근할 때 파자마를 입거나 비행기 안에서 헤드폰도 끼지 않은 채 음악을 크게 틀어놓거나, 앞니에 시금치가 낀 줄 알면서도 씩 웃으며 걸어 다니지는 않을 것이다.

순응은 인간의 본능이다. 우리의 DNA가 집단 속에서 살아남기 위해 그런 선택을 해온 것이다. 선사시대에는 부족에서 쫓겨나는 것이 곧 사형 선고였다. 그리고 오늘날에도 우리는 집단 속에서 자신이 해야 할 역할에 대해 끝없이 신경 쓴다. 물론 요즘은 '튀는 개성'의 시대라고 하지만, 이 또한 '부족으로부터의 인정'이라는 기본값을 전제로 한다.

'나는 어떤 집단에 속해 있는가?'

이 질문이 왜 중요하냐면, 공동체의 성격이 내가 처한 상황과 가능성에 큰 영향을 미치기 때문이다. 자녀가 학교에서 어떤 아이들과 어울리는지 부모들이 그렇게 걱정하는 것도 이 때문이다. 유유상종이란 말이 있듯이 사소한 일상 습관에서부터 인생을 뒤바꿀 행동에 이르기까지, 사회적 영향과 순응은 우리 인생의 대부분에 적용된다. 만약에 팀원들이 모두 채식주의자라면 당신은 채식주의자가 아니더라도 스테이크 대신 감자 요리를 주문할 가능성이 커진다. 사회적 영향은 연봉에서부터 집을 소유할 가능성, 심지어 자녀 수에 이르기까지 훨씬 더 의미 있는 방식으로 영향을 줄 수도 있다. 우리는 모두 이러한 영향권 안에 존재하며, 소속 집단 내에서 '정상적'이라고 여기는 것들을 따르게 된다. 예를 들어 친한 친구들이 마라톤 훈련을 하고 있다면, 나 역시 마라톤 경기에 참여하고 싶어진다. 마라톤 경기 전날 친구들이 모두 바르셀로나로 떠나고 나면 나만 홀로 남겨진 기분이 들 테니까.

사람들은 대체로 한 가지 이상의 집단에 속한다. 특히 어렸을 때는 변덕스러운 우정 때문에 스포츠를 좋아하는 집단, 쿨한 집단, 성적이 좋은 집단 등 여러 집단을 넘나든다. 이런 무의식적인 선택은 대개 개인적인 관심사, 문화, 근접성에 의해 크게 영향을 받는데, 이것이 곧 우리의 정체성을 규정할 수가 있다. 예전의 꼬리표들을 떼어버려도 다시 엄마, 달리기 선수, 기업가, 저자 등과 같은 새로운 꼬리표를 받게 된다.

나는 현재 다양한 친구 집단에 속하고, 그 속에서 또 각기 다른 역할을 맡고 있다. 각각의 정체성이 모두 나의 일부이긴 해도, 집단의 성격에 따라 각기 다른 모습을 보여야 한다. 직장 동료들을 어릴 때부터 친했던 친구들처럼 대하지는 않을 것이다. 다시 말해서 개인과 집단과의 관계, 그리고 그 안에서 각자가 맡은 역할에 따라 우리의 에너지와 행동이 달라진다는 얘기다.

나는 직업상 인터넷이 아니었다면 만나지 못했을 진정한 친구들을 많이 만났다. 인간관계가 소셜 미디어의 영향을 받는 요즘은 이런 일이 아주 흔하게 발생한다. 그와 동시에 나는 거의 20년 동안 만나온 친구들이 있다는 사실에 자부심을 느낀다. 그렇다고 모든 친구 관계가 영원한 것은 아니며, 자신이 변하고 성장함에 따라 자기 인생에 더는 머물지 않아도 되는 사람들, 그리고 새로 들어오는 사람들이 생기기 마련이다.

살다 보면 늘 활력이 넘치는 친구들을 만날 때가 있다. 함께하면 언제나 재미있고, 전체의 에너지를 한껏 높여주는 그런 친구들 말이다. 악기점에 들어가 그랜드 피아노 앞에 앉아 중간 키를 눌러본 적이 있는가? 키를 누르는 순간 가게 안에 있는 다른 모든 피아노의 중간 키가 떨리기 시작한다. '공감 공명 현상' 때문이다.

반면에 만나자마자 힘이 쏙 빠지는 사람도 있다. 언제나 분위기를 싸늘하게 만드는 '무드 진공청소기' 같은 사람들, 순식간에 집단의 에너지를 빨아들이는 '에너지 뱀파이어' 같은 사람들 말이다. 사람들을 만날 때 당신의 에너지는 다음 세 가지 중 하나로 작용할 것이다. 다른 사람의 마음을 끌거나, 다가오지 못하게 막거나, 아니면 공명하거나.

친구 관계도 다른 모든 관계와 마찬가지다. 어떤 관계는 단순하고 어떤 관계는 복잡하며 어떤 관계는 이미 오래전에 끊었어야 하는 것도 있다. 단지 함께한 역사 때문에, 과거의 상황이나 의무감 때문에 내 인생 언저리에 계속 머무는 친구들도 있는데 이런 관계는 대개 애물단지처럼 느껴지는 경우가 많다. 솔직히 그런 친구들은 점점 대하기가 버거워진다. 나만 보면 으레 비판만 하거나 마치 자기한테 설명해 줄 의무라도 있는 것처럼(설명해줄 필요 없다) 나의 결정에 의문을 제기하는 친구들도 있다. 야속하고 매몰차게 들릴지 모르지만, 그런 관계는 끊어야 한다. 에너지는 전염성이 강하기 때문이다.

내 말을 오해하지 말라. 그렇다고 자기 말에 동의하지 않거나 이의를 제기하는 사람들과의 관계를 모두 끊어버리라는 뜻은 아니다. 나는 끼리끼리만 모이는 삶을 살고 싶지는 않지만, 기본적으로 친구 관계에서 절대 타협할 수 없는 요소들이 있다고 믿는다. 친구라면 당신이 목표를 향해 나아갈 때 지지해줄 수 있어야 한다. 당신에게 닥친 문제가 크건 작건 친구라면 연민을 느껴야 한다. 당신의 성공을 축하해주고 즐거움을 함께 나누고, 무엇보다 중요한 것은 당신 자신의 모습으로 살아가도록 독려해주어야 한다.

원하는 인생을 향해 나아가고자 할 때 당신이 속한 사회적 집단이 당신에게 어떤 영향을 주는지 잘 살펴볼 필요가 있다. 그들의 말과 행동이 당신에게 어떤 영향을 주는가? 그들은 당신이 목표를 달성할 수 있도록 격려해주는가? 그들은 당신과 비슷한 마음가짐, 가치관, 직업의식을 가지고 있는가?

인간관계는 양방향으로 작용한다. 당신이 속한 사회적 집단의 사람들도 당신에게 영향을 주지만, 당신 또한 그들에게 영향을 준다. 만일 그들에게 긍정적인 영향을 주고 싶다면 '몸소 보여주는' 방법을 권한다. 행동이 말보다 크고 세다. 사람들이 "말로만 하지 말고 보여줘"라고 말하는 데에는 다 그만 한 이유가 있다.

사랑하는 사람들이 더 건강해지길 원한다면 엄격한 방법을 강요하기보다는 먼저 실천해 보이는 것이 가장 빠른 설득 방법이다. 걷기, 자전거 타기, 달리기가 혼자서 해내야 하는 처벌이 아니라 즐겁게 할 수 있는 것들이라는 점을 보여주면 그들도 당신을 따라 할 가능성이 크다. 개인적으로 나는 누구에게서 뭔가를 배우고 싶을 때마다 그들이 하는 말을 듣기 전에 먼저 행동을 지켜본다. 그들이 자제력을 갖추고 있는가? 열심히 노력하는가? 친절한가? 설명도 좋지만, 모범적인 행동은 더욱 좋다.

나를 위한 이사진을 구축하라

내 프로젝트 중에는 단순한 아이디어를 구체적인 무언가로 만들기 위해 처음부터 행동해야만 하는 것들이 많다. 그런데 프로젝트가 일단 시작되고 그것을 확장하고 키워나가기 위해서는 나를 도와줄 만한 팀을 찾는 것이 유일한 방법이다. 내가 핸들을 잡아야 할 때도 있지만, 다른 사람에게 안내를 부탁하고 목표에 가까이 다가갈 수 있도록 도움을 요청해야 할 때도 있다. 어떤 것들은 혼자서도 할 수 있지만, 모든 것을 혼자서 다 할 수는 없다. 이때 염두에 둬야 할 것이 '사람들은 저마다 다른 방식으로 일한다는 것'이다. 작가이자 심리학자인 애덤 그랜트(Adam Grant)는 2018년 TED 강연에서 이렇게 말했다.

성공적인 팀을 만들려면 겸손이 필요해요. 겸손이란 자신이 무엇을 잘하는지, 무엇을 못 하는지 스스로 정확히 인식하는 것을 전제로 하죠. 팀 내에 겸손이 존재하면, 구성원들이 강점을 발휘할 가능성이 크다는 연구 결과도 있어요. 그런 사람들은 자신이 스포트라이트를 받기보다 먼저 팀이 이기는 데 도움이 되는 역할을 우선시합니다. 진정한 가치를 위해 자신이 꼭 최고의 선수가 될 필요는 없으니까요.

팀 플레이어라고 해서 늘 리더 역할을 하거나 아니면 그저 따라야만 하는 것은 아니다. 팀 플레이어는 상황에 따라 그 두 가지를 다 할 수 있어야 한다. 그만큼 적응력이 중요하다.

애덤 그랜트는 팀원들이 모두 A급 플레이어가 될 수는 없다고 설명한다. 팀이 최고의 성과를 올리기 위해서는 B급, C급 플레이어도 있어야 한다. 그렇다고 B급, C급 플레이어가 중요하지 않다거나 소위 올스타급 플레이어를 지원하기만 하는 것도 아니다. 팀이 제대로 돌아가기 위해서는 각각의 역할이 중요한데, 특히 최고의 팀은 여러 가지 기술과 다양한 역할을 맡은 사람들로 구성되어 있다. 당신은 리더의 역할에 자연스럽게 이끌리는 사람인가? 아니면 옆에서 지원해주는 사람 쪽에 가까운가? 혹은 바람직한 중재자나 협상가 역할에 적합한가?

돌아보면 가까운 사람들에게 도움을 청하는 것이 결과적으로 가장 뛰어난 전략이었던 적이 많았다. 그런 점에서 당신이 속한 여러 관계 속에서 함께 살아가는 사람들을 신뢰하는 것이 절대적으로 중요하다. 중요한 결정을 내려야 할 때 그들에게 의지할 수 있어야 하고, 그들이 믿을 만한 사람이라는 것을 알아야 한다. 지난 몇 년간 나는 내가 속한 업계의 많은 사람과 친구가 되었다. 그들 대부분 마라톤을 완주했거나 책을 저술했거나 팟캐스트를 운영한다. 우리는 항상 서로의 통찰력을 공유하고 지지하며 조언을 아끼지 않는다. 그리고 무엇보다 우리는 서로의 능력과 진심을 철석같이 믿고 있다.

혹시 도움을 청하기가 어려운가? 명심하라, 세상엔 도움에 인색한 사람보다 기꺼이 도와주려는 사람이 훨씬 더 많다는 것을. 사실 다른 사람이 성공한다고 해서 나의 성공이 작아지는 것은 아니며, 누군가의 도움을 받을 때만큼 누군가를 도와줄 때도 얻는 것이 많기 때문이다.

만일 경쟁이 치열한 업계에서 일하고 있다면, 더더욱 당신 주변에 지지 그룹을 만드는 것이 중요하다. 때로는 기대서 울 수 있는 사람도 필요하고, 때로는 당신을 다그쳐주는 사람도 필요하다. 물론 가장 이상적인 것은, 두 가지 모두 해줄 수 있는 사람을 찾는 것이다. 이쯤에서 《사람의 마음을 움직이는 힘(Bluefishing: The Art of Making Things Happen)》의 저자 스티브 심스(Steve Sims)의 조언에 귀를 기울여보자.

친구들 앞에서 당신이 팟캐스트를 시작하겠다거나 티셔츠 사업을 시작한다거나 뭔가에 도전하겠다고 말하면 각기 다른 반응을 보일 것이다. 어떤 친구는 '그래 해봐!'라고 말하겠지만, 또 어떤 사람은 '음, 그걸 어떻게 할 건데?'라는 식의 반응을 보일 것이다. 그건 부정적인 것이 아니라 당신의 다짐에 도전하는 것이다. 그런 식의 도전은 당신의 계획과 노력을 정제하게 해주기 때문에 중요하다. 어쩌면 그 덕분에 당신이 미처 보지 못한 것들을 포착하고 그것에 대해 생각해 낼 수도 있다. 하지만 모든 도전자가 그렇게 좋은 의도를 가진 것은 아니다. 이따금 '뭐? 야야, 넌 그거 못 해!'라고 말하는 친구도 있을 것이다. 그런 사람들은 늘 한쪽 구석에 앉은 채 성공해보려고 노력하는 당신을 조롱한다. 그들은 당신이 성공하길 원하지 않는다. 그래야 자신들이 성공하지 못했고, 또 성공할 수 없다는 사실이 입증된다고 믿기 때문이다.

지금, 당신 주변을 둘러보라. 처음 두 유형과 비슷한 친구들도 있고, 세 번째 유형과 비슷한 친구들도 있을 것이다. 그리고 이 질문도 빼먹지 말자. '나는 과연 어떤 유형에 해당할까?'

만일 당신이 3년간의 해외 파견 업무를 제안받았다고 하자. 대단히 좋은 일자리인 데다 당신은 늘 외국 생활을 동경했는데 이제 그 기회가 찾아온 것이다. 그런데 문제는 당신이 가족이나 친구도 없이 달랑 혼자서 그 나라에 머물러야 한다는 점이다. 어떡한다?

당신이라면 누구에게 조언을 구하겠는가? 신생 기업의 경우, 중요한 결정을 내려야 하는 상황에 직면하면 이사진들을 만나 조언을 구한다. 대개 이사진은 회사가 성공하면 얻을 것이 있고, 실패하면 잃을 것이 있는 투자자들로 구성된다. 살면서 중요한 결정을 내려야 할 때가 오면 자신을 지지해주는 이사진을 불러 모으는 것은 어떨까? 이사진에 해당하는 사람들은 저마다 어떤 방식으로든 투자를 해야 한다. 다시 말해서 당신이 성공하길 원하는 사람들이어야 한다는 뜻이다. 그렇다면, 누가 당신의 이사진에 해당하는가?

- **가족/배우자** : 이 사람들은 당신을 염려하고 무엇보다 당신이 행복하길 원하는 사람들이다. 이들은 또한 당신의 결정에 가장 직접적으로 영향을 받게 될 사람들이다.

- **관리자/상사/에이전트**: 이 사람들은 당신이 성공하길 바라는 사회적 인맥이다. 이들은 당신의 결정으로 인해 금전적인 혜택을 얻을 수 있다.

- **멘토:** 이들은 당신이 개인적으로 성장하고 발전하길 바라는 사람들이다. 그들은 당신이 추구하는 가치가 무엇인지, 그리고 무엇이 당신에게 동기를 부여하는지 잘 이해하고 있다.

- **당신보다 훨씬 젊은 사람:** 앞서 살펴본 사람들 외에 당신보다 훨씬 젊은 누군가도 찾아야 한다. 이런 사람들은 당신과 다른 세계관을 가지고 있고, 다른 관점을 제시할 수 있다는 점에서 중요하다.

- **당신보다 훨씬 나이 많은 사람:** 이런 사람은 말할 것도 없다. 당신보다 훨씬 오래 살

면서 더 많은 것을 보았고, 아마 당신보다 더 많은 것을 해냈을지도 모른다. 그들의 경험과 지혜, 그리고 조언에 귀를 기울여라.

- **재정 고문 / 법률가:** 이들은 공정하고 실질적인 조언을 해줄 수 있고 당신이 충분히 알지 못하는 중요한 정보를 제공할 수 있다(외국 과세 제도, 비자 비용, 계약의 세세한 항목 등).

이사진들에게 적절한 정보를 최대한 많이 제공하라. 그리고 긍정적이든 부정적이든 얻을 수 있는 다양한 결과에 대해서 논의하라. 서로 대립하는 조언을 들을 수도 있고, 항상 듣고 싶은 피드백을 얻지 못할 수도 있다. 관건은 당신이 존경하고 믿는 사람들로부터 통찰력과 지식을 모으는 것이지만, 최종적인 결정은 당신 몫인 만큼 결국엔 자기 자신을 믿어야 한다. 어쨌든 당신 인생이니까.

찾고, 만나고, 연결하라

"어떻게 하면 이사진을 구축하고, 딱 맞는 사람들을 주변에 둘 수 있을까요?"

나는 여성 기업가인 아이샤 맥켄지(Aicha McKenzie)와의 인터뷰에서 강력한 네트워크를 구축하는 방법에 대해 조언을 구했다. 그녀는 한때 케인 웨스트(Kanye West), 빅토리아 베컴(Victoria Beckham) 같은 세계적은 슈퍼스타들과 함께 일하기도 했다. 패션과 음악 업계 둘 다 악명 높을 정도로 경쟁이 치열한 곳인데, 그런 분야에서 프로들과 인맥을 맺는 법에 대해 그녀가 무슨 말을 했을까?

나는 솔직히 네트워킹이라는 표현을 좋아하지 않아요. 거기엔 당신이 무언가를 원한다는 뜻이 포함되어 있거든요. 그보다 먼저 진정한 인간관계를 구축하고 우정을 쌓는 데 집중해야 한다고 생각해요. 그저 얻을 생각만 하면 오히려 성공적인 '네트워킹'을 할 수 없어요. 모든 인간관계가 그렇듯 서로 주고받는 것이 있어야 해요. 여정 전체를 걷는 동안 만나게 되는 모든 사람이 하나하나 다 중요해요. 그들 모두에게 친절할 것, 이것이 우리가 꼭 갖춰야 할 인성이에요. 자신을 도와줄 수 있다고 생각되는 사람이나 다음 단계로 오르도록 도와줄 사람이라고 생각하는 사람들에게만 친절하게 대해서는 안 돼요.

혹시 홀에 들어서자마자 '여기서 누가 제일 중요한 사람이지?' 하며 두리번거리는 사람을 본 적이 있는가? 당신에게 말을 걸었다가 이내 별로 중요한 사람이 아니라는 듯 서서히 멀어지는 그런 사람 말이다. 아이샤의 얘기는 절대로 그런 사람이 되지 말라는 것이다. 더 나아가 아이샤는 직장에서 의미 있는 관계를 구축할 때 이미 자기 인생에 들어와 있는 사람들을 과소평가하지 말고, 좀 더 길게 보라고 조언한다.

동료들이 바로 당신의 네트워킹 집단이라는 점을 명심해야 해요. 지금 당장은 직급이 낮을 수도 있고, 인턴에 불과할 수도 있으며, 한 친구는 전혀 다른 업계에서 일하고, 또 다른 친구는 좀 더 기업가적인 행보를 보일 수도 있으며, 학교 동창인 누군가는 또 어딘가에서 뭔가를 하고 있겠죠. 그들 모두가 바로 당신이 속한 서클의 구성원들이고, 이 서클은 점점 커질 거예요. 시간을 미래로 빨리 돌려보면, 한 친구는 이제 편집자가 되어있고, 또 다른 친구는 부장이 되어있을 거예요. 맞아요, 각자의 영향력이 상당히 커져 있죠? 그러니까 현재의 관계를 소중히 여겨야 해요. '무언가를 얻기 위해 이 사람들과 함께한다'라는 식의 의도가 바탕이 되어서는 곤란하겠죠.

하지만 때로는 기존의 서클이 제한적인 경우도 있다. 자란 배경이나 지역, 사회 경제적 지위 때문에 그럴 수 있다. 그런 제한을 넘어 더 넓은 네트워크를 구축하기 위해 새로운 사람들을 만나고 싶다면 어떻게 해야 할까? 가장 확실한 방법은 온라인으로 접근하는 것이다. 이는 가장 쉬운 방법이자 가장 게으른 방법이지만, 또한 확실히 효과적인 방법이기도 하다. 나는 작가, 운동선수, 비즈니스 코치들과 온라인에서 교류하는 것만으로도 많은 것을 배웠다. 인터넷으로 누군가를 찾는 방법을 모색하고 있다면 수년 동안 개발해온 나의 노하우를 참고해보라.

해야 할 것들

1. 알맞은 커뮤니케이션 매체를 선택하라. 비즈니스 기회를 찾는다면 링크드인(LinkedIn)이나 이메일, 트위터를 활용하라. 페이스북에서는 페이지나 그룹만 활용하고, 개인 프로필 페이지를 통해서 메시지를 보내는 방법은 피하도록 하라. 이외의 모든 목적을 위해서는 인스타그램을 이용하는 것이 좋다.

2. 인터넷으로, 가능하면 이메일로 당신을 소개할 수 있는, 서로서로 아는 친구를 찾아라.

3. 요점만 간단히 적은 메시지를 보내라. 당신이 부탁하는 것이 무엇인지 읽기도 전에 당신이 살아온 내력을 읽어줄 만큼 여유가 있는 사람은 없다.

4. 조사하라. 당신이 진지한 마음으로 연락을 취한다는 점과 어느 정도 기초 조사를 했다는 사실도 어필할 수 있다.

5. 솔직하고 겸손하라. 사람들은 솔직함을 소중하게 여기며, 솔직하지 못한 사람을 쉽게 알아본다.

하지 말아야 할 것들

1. 처음 만난 사람에게 제발 '안녕, 자기야'로 시작하는 메시지를 보내지 말라. 절대로!

2. 사람들에게 여러 가지 매체를 사용해서 동시에 메시지를 보내

지 말라. 한 번은 어느 기자로부터 자신이 보낸 이메일에 답장을 보내 달라는 트위터를 받은 적이 있다. 그다지 멋진 일은 아니다.

3. '당신의 답변을 고대합니다'나 '미리 감사드립니다' 같은 문구로 메시지를 끝마치지 말라. 정말이지 흥미가 싹 가시지 않는가? 급하게 답장을 보내지 않으면 안 된다는 위급함이 느껴져 심지어는 건방지게 느껴질 수도 있다.

4. 샘플 이메일을 작성하고 사람들의 이름도 수정하지 않은 채 '복붙'으로 여러 명에게 메시지를 보내지 말라. 이것은 보낸 사람이 게으르다는 것을 나타내는 짜증 나는 메시지다.

5. 답장을 받지 못했다고 해서 다시 한 번 이메일 보내는 것을 두려워하지 말라. 그렇지만 나의 경우 두 번째 이메일을 보내기 전에 보통 일주일 정도 기다리는 편이다.

새로운 사람들을 꾸준히 만난다면 당연히 네트워크를 넓힐 가능성이 훨씬 더 커진다. 따라서 업계와 관련된 워크숍이나 행사에 참여하여 사람들을 직접 만나는 것이 또 다른 방법이 될 수가 있다. 수년 동안 유용하다고 판단됐던 조언을 해주자면 다음과 같다.

1. 친구와 함께 가고 싶다는 생각을 버려라. 아는 사람과 같이 가면 덜 어색하긴 하겠지만, 친구와 함께 있으면 다른 사람들이 다가올 가

능성이 줄어든다.

2. 일단 행사에 참석하면 '한 사람도 빠짐없이 다 만나려고' 노력하지 말라. 모든 사람을 다 만날 필요도, 모든 사람의 관심을 받을 필요도 없다.

3. 한담을 피하라. 다만 흥미로운 질문을 던지려고 노력한 다음 사람들의 대답에 진심으로 귀를 기울여라.

4. 사람들의 이름을 알아내고 기억나는 일이 있는지 의도적인 노력을 기울여라. 대수롭지 않은 것 같아도 특히 다음 날 소셜 미디어나 이메일을 보내고자 한다면 큰 차이가 생길 것이다. 새로운 사람들을 만났을 때 이름을 기억하는 방법은 상대방이 이름을 말하자마자 그 사람의 이름을 자신이 다시 반복하는 것이다. 예를 들어 "안녕하세요, 나는 앨리라고 해요"라고 하면 "안녕하세요, 앨리? 나는 에이드리엔이에요. 만나서 반가워요." 이런 식이다.

당연한 얘기지만, 사람들은 항상 자기 이름을 기억해주는 것에 고마움을 느낀다. 그런데 만일 그 사람 이름이 즉시 떠오르지 않는다면 상대방에게 다시 한 번 이름을 물어보라. 엉뚱한 이름을 부르는 것보다 훨씬 나은 방법이다.

친구들에게 당신과 잘 어울릴 만한 사람을 한 명씩 소개해 달라고 부탁하는 것도 좋은 방법이다. 마찬가지로 새로운 비즈니스나 팟캐스트, 행사 등을 시작한다면 친구들에게 해당 분야에 관심이 있을 만한 사람에게 알려달라고 부탁하라. 사람들과 연결하고, 또 연결되는 것은 항상 재미난 일이다. 이런 식으로 누군가를 소개받는 일이 향후 어떤 열매로 이어질지는 그 누구도 예측할 수 없다.

혹시 당신이 영향을 주는 위치에 있다면 직접 사람들을 연결해보는 건 어떨까? 한 그룹의 사람들을 어떻게 다른 집단에 소개해 줄 것인가? 새로운 진로를 걷기 시작한 사람 중에 도움을 줄 만한 사람이 있는가? 아는 사람들을 소개해주고 연결해 주기 시작하면 그들의 네트워크만 확장되는 게 아니라 당신 자신도 사교적 핵심 인물로 거듭나게 된다.

팟캐스트 운영자인 조던 하빈저(Jordan Harbinger)는 온라인에서 새로운 사람들에게 접근하고 기존의 인맥을 유지하는 방법을 보여주는 6분짜리 네트워킹 코스를 가르친다. 그는 마음이 통하고 영향력 있는 인적 네트워크를 구성하는 것이 어떤 일에서든 성공할 수 있는 필수 요소라고 말한다. 그러면서 "30세가 되기 직전에 우물을 파라"고 조언한다. 이 말은 인적 네트워크가 필요할 때까지 기다렸다가 인맥을 찾아 나서지 말라는 뜻이다.

일직선으로 된 성공 가도를 달리는 사람은 없다. 어떤 목표를 향해 나아가든 장애물과 예기치 못한 문제점들이 틀림없이 나타난다. 따라서 그때그때 인도해줄 수 있고, 지지해줄 수 있는 누군가로부터 멘토십을 구하는 것이 가장 현명한 생각이다. 나의 멘토인 벤 와프(Ben Wharfe)에게 나는 실제로 멘토십이란 게 무엇이고, 어떻게 하면 좋은 멘토를 찾을 수 있는지 설명해 달라고 했다.

예전의 자기 자신에게 말을 걸 수 있고 미래의 자신에게 조언을 구할 수 있다고 상상해보세요. 예컨대 과거와 미래의 자신에게 그동안 직면했던 가장 큰 문제가 무엇이었는지, 그런 문제점들을 어떻게 극복했는지 묻는 거죠. 그런 다음 이제 예전의 자신과 지속적인 관계를 유지할 수 있다고 상상해보세요. 당신이 의사 결정을 내리고 발전해 나가는 데 있어 과거의 자신이 얼마나 큰 영향을 미칠지 생각해보는 거예요. 멘토링이란 기본적으로 그런 겁니다. 멘토링의 목적은 멘토링을 받는 사람이 멘토처럼 되는 것이 아니라 자기 자신을 발견하도록 도와주는 거예요.

멘토를 찾고 있거나 누군가를 멘토링 해줘야 할 상황이라면, 이어지는 벤의 현실적인 조언을 참고하라.

대화를 나눌 때마다 필요한 핵심 중 하나는 바로 실천 사항입니다. 멘토는 멘토링을 받는 멘티가 당장 실천할 수 있는 한두 가지 사항을 알려주어야 해요. 책을 읽어보라거나 만나야 할 사람을 알려주는 것이 될 수도 있죠. 멘티가 혼자 해결할 수 있는 과제를 주는 것도 한 가지 방법입니다.

    사람들은 모두 독특하고 다양하지만, 사실은 커다란 공통점으로 연결되어 있다. 우리는 모두 사랑을 하고, 눈물을 흘리며, 화를 내고, 즐거움을 느낀다. 당신이 누구이며 어디에 살고 있고, 얼마나 부자이건 우리는 모두 아픔을 겪어봤고, 또 언젠가는 모두 죽음을 경험하게 될 것이다. 어떤 의미에서 우리는 모두 하나이며, 우리가 공유하는 것들을 중심으로 하나가 된다.

    이 책은 원하는 인생을 만드는 것에 관한 책이지만 혼자서 하고자 한다면 그 노력은 덜 즐거울 것이고 의미도 덜할 것이다. 당신만의 인생을 만들어가는 과정에서 도움을 줄 사람은 누구일까? 누구와 함께 인생을 보내고 싶은가? 인생을 혼자서 살 수는 없다. 반가운 것은 함께 여생을 보내고 싶은 사람들을 당신이 자유롭게 선택할 수 있다는 점이다.

나의 행동은
나의 꿈과 일치하는가?

POWER

HOUR

목적에 열정을
더하는 시간

6장

목적이라는 단어에는 기대와 설렘, 또 그만큼의 무게와 압박감이 실려 있다. 그리고 누구나 일과 삶 사이에서 자기 인생의 목적을 확인해야 할 필요성을 느낀다. 그것이 자신의 정체성을 입증하는 방법이라고 믿기 때문이다.

사람은 특히 자기 일을 지나치게 강조하면서 그 일과 자신을 혼동한다. 또한 자신이 맡은 역할의 정형화된 특징들을 반드시 구현해야 한다고 믿을 때도 많다. 예컨대 의사는 왠지 많이 배우고 믿음직스러우며 동정심을 지닌 사람일 것 같다. 변호사라면 자신감 넘치고 야심만만하며 근면한 사람이어야 할 것 같고, 예술가는 창의적이고 예민할 것 같다.

그런데 문제는 그렇게 형성된 역할을 제대로 수행하지 못하거나 어떤 '부류'에 속하지 못하면 상실감을 느낀다는 점이다. 왜 그러는 걸까? 왜 하나의 역할에 인생의 목적과 자신의 정체성을 묶어두려는 걸까? 삶이란 무수한 가능태의 공간인데 말이다.

'인생의 목적을 찾아라', '열정을 따르라', 다 좋은 말이다. 하지만 고착 상태에 빠지거나 영감을 받지 못할 때는 이 좋은 말에 오히려 압도되고 혼란을 느낄 수 있다. 또 어떤 이들은 삶의 목적을 찾지 못해 자기혐오, 절망, 우울증을 겪기도 한다.

삶은 언제든 삐걱거릴 수 있다. 샛길로 빠질 수도 있고 엉덩방아를 찧을 수도 있다. 하지만 그럴 때일수록 인생의 목적이 무엇인지, 그리고 자신이 무엇에 열정을 느끼는지 명확하게 알아야 다른 모든 것들이 제자리를 찾게 될 것이다.

매일 아침 파워 아워라는 고요한 시공간을 만날 때마다 당신은 자연스럽게 이런 질문을 하게 될 것이다.

'나는 무엇을 위해 살고 있는가?'
'나는 무엇에 가장 열정을 느끼는가?'
'나는 어떨 때 살아있다는 강렬한 느낌을 받는가?'

그렇다. 이 장에서 우리는 목적과 열정에 관한 이야기를 나누게 될 것이다.

당신이 잭팟을 터뜨릴 때

만약에 누군가 환경 문제에 대해서 열변을 토하면 우리는 그 즉시 알아차릴 수 있다. '아, 저 사람은 환경 문제에 열정적이구나'라고. 왜냐하면 그 사람이 뿜어내는 열정의 에너지가 고스란히 느껴지기 때문이다.

사회 정의나 평등, 기후 변화와 같은 거대한 이슈에서부터 음악, 여행, 스포츠 등 세상의 다양한 분야에 이르기까지 우리는 얼마든지 자유롭게, 그리고 열정적으로 이끌릴 수 있다. 당연히 일과 경력에 관한 것이라면 개인적으로 가장 관심 있는 분야, 진정으로 열정을 느낄 수 있는 대상에서부터 시작해야 할 것이다. 사람은 인생의 대부분을 일하면서 보낸다. 만약에 자신이 하는 일에 열정과 애정을 느낀다면, 그 일을 즐기면서 두각을 나타낼 가능성이 크다.

지금 당신이 하는 일이 사람들 보기에 꼭 흥미롭거나 쿨해야 하는 건 아니지만, 적어도 당신 자신에게는 의미와 자극을 줄 수 있어야 한다. '비교와 절망'의 늪에 빠지면 곤란하다. 소셜 미디어에서 다른 사람들이 하는 일이 훨씬 더 흥미롭고 화려하게 느껴질 수 있고, 그러다 보면 그동안 만족스러웠던 일에 갑자기 회의가 느껴질 수도 있다. 하지만 당신 앞의 화면들이 어쩌면 인스타그램용으로 편집된 것일 수도 있다는 점을 기억하라.

열정과 비교하면 목적은 감정이나 기호보다는 타고난 의무감에 더 가깝다. 내가 사랑하는 사람들, 내가 속한 세상, 그리고 내 삶에 대한 의무감 말이다. 종종 '목적'과 '열정', 이 두 단어가 교차 사용되는 경우가 많은데, 사실 둘의 성격은 아주 다르다. 열정은 그 대상이 무한하고 자주 바뀌기도 하지만, 목적은 현재 자신이 하는 일을 선택하게 된 일종의 '대의'라 할 수 있다. 따라서 자신의 목적이 무엇인지 확인하기 위해서는 자기만의 고유한 가치 체계를 세우는 것부터 시작하는 것이 좋다.

'당신에게 가장 중요한 것들은 무엇인가?'

'진심으로 가장 소중하게 생각하는 것은 무엇인가?'

최대한 구체적이고 솔직하게 답해보자. 정답도 오답도 없다. 누구는 평등과 공정을 가장 소중하게 여길 수 있고, 또 누구에겐 가족이 우선이며, 어떤 사람은 자유를 최우선 가치로 여길 수 있다. 물론 이들은 상호 배타적이지 않으며 당신은 이들 모두를 가치 있게 여길 수도 있다. 하지만 당신이 해야 할 일은 바로 지금 가장 소중하게 생각하는 것에 무게 중심을 찍는 것이다.

어린 시절에 이미 삶의 최우선 가치를 설정해놓는 사람도 있다. 가난한 가정에서 태어나 유년 시절의 혜택은커녕 부모님이 돈에 허덕이는 모습만 보며 자란 사람에게는 돈과 성공에 대한 주관이 일찌감치 형성될 가능성이 크다.

나도 크게 다르지 않아서 사람들이 왜 돈 버는 것을 지상과제로 설정하는지 쉽게 이해할 수 있다. 또 여러 부유한 기업가들에게서 이런 말을 자주 듣기도 했다.

"나는 찢어지게 가난했기 때문에 어릴 때부터 절대로 가난하게 살지 않기로 작정했죠."

그들이 선택한 삶의 목적이 '부자가 되는 것'이건 '많은 돈을 버는 것'이건 남들이 왈가왈부할 이유는 없다. 흔히들 돈과 관련된 이야기라면 은근히 저속하거나 상스럽다고 여기곤 하지만, 자본주의 세계에서 돈이란 '더 많은 일을 할 수 있는 자유'를 뜻하기도 한다. 문제는 당신이 돈을 삶에서 가장 소중한 것으로 여기는가, 하는 점이다.

대략적으로나마 열정과 목적을 그렸다면(두 가지를 구분해야 한다는 점을 명심하라), 이제 그것을 언제, 어떻게 추구할 것인지 판단해야 한다. 안타깝지만 이 일은 시간이 꽤 걸릴 것이다. 나는 통계와 현실적인 해결 방안을 좋아해서 어떤 문제든 수학 공식처럼 풀어서 해결책을 찾아보곤 한다. 예를 들어 'X+Y=인생의 목적' 이렇게 쉽고 단순한 공식은 없을까? 하지만 슬프게도 열정과 목적에는 이보다 훨씬 더 복잡미묘한 뉘앙스가 숨어 있다. 다만 당신의 열정과 목적이 반드시 같은 것은 아닐지라도 두 가지 모두에 부합하는 기술이나 재능을 지니고 있다면, 그때가 바로 당신이 잭팟을 터뜨릴 때라는 것이다.

학창 시절에 나는 자주 혼나는 아이였다. 이유는 '너무 수다스러워서'였다. 어느 해 성적표에는 이렇게 적혀 있었다. '에이드리엔은 열정적인 학생이고 또래들과 어울리는 것을 좋아합니다. 다만 집중력이 좀 부족하고 말이 너무 많아서 다른 아이들이 공부하는 데 방해가 됩니다.'

나는 왜 수다쟁이일까? 난 어째서 이렇게 말이 많을까? 고민하지 않을 수가 없었고, 마침내 나름대로 해석을 내렸다. 원인은 '열정' 때문이라고. 나는 늘 사람들 사이에서 열정을 느꼈고 지금도 그렇다. 살아오면서 하는 일과 방법은 몇 번 바뀌었지만 적어도 나의 열정은 언제나 그대로였다.

그룹 피트니스 수업을 이끌던 시절에 내가 맡은 역할은 '사람들을 움직이게 하는 것'이었다. 다시 말해 고객들이 계속해서 운동할 수 있도록 옆에서 끝없이 힘과 에너지를 불어넣는 것이 나의 임무였다.

한겨울 안개 낀 아침 6시, 아직 녹지 않은 몸으로 헬스장에 서 있는 사람들에게 뜨거운 열정과 용기를 불어넣기란 말처럼 쉬운 일이 아니다. 하지만 나는 그런 상황을 만날 때마다 이상하리만치 수다스러워지곤 했다. 사람들은 그런 나에게서 에너지를 느꼈고, 또 그 에너지는 다시 자연스럽게 그들에게 전달되었다. 맞다. 사람들에게 에너지를 전달하는 것, 나는 이 일에 열정을 느꼈고, 이제는 나의 목적이 되었다. 나는 사람들이 행동을 취하고, 변화를 이루고, 항상 하고 싶었던 것을 시작할 수 있도록 용기와 영감을 불어넣고 싶다. 때로는 사람들이 자신의 잠재력을 스스로 알아차리기도 전에 내가 먼저 느낄 때도 많다.

우리는 모두 각기 다른 기술과 재능과 초능력을 가지고 있다. 당신은 어렸을 때 무슨 일로 꾸지람을 들었는가? 틈만 나면 멍하니 창밖을 바라본다고 혼났는가? 수많은 예술가나 과학자들이 그랬었다. 어쩌면 그런 창의적인 상상력이 당신의 초능력일 수도 있다.

매일 하는 그 일이 나를 만든다

개인 트레이너로서 나는 중도 포기하는 고객들을 볼 때마다 안타까우면서도 궁금했다. 새로운 습관을 만든다는 것은 왜 이렇게 어려울까? 목표를 달성하기 위해 선행되어야 할 기본적인 변화는 무엇일까? 나는 심리학과 마인드셋에 관한 책들을 읽기 시작했다. 여러 가지 식이요법을 연구하고, 수면에 관한 기사들도 읽고, DNA 조작에서부터 습관 형성과 자아 향상에 관한 내용까지 찾아 들었다.

누구나 새로운 무언가를 시작할 때면 '아는 것이 없다'라는 생각에 압도되기 마련이다. 외국어 공부, 영상 편집, 자전거 여행, 책 쓰기 등등, 한 번도 접해보지 못한 분야라면 당연히 낯설고 어렵고 힘들 수밖에 없다. 하지만 잘 모른다는 이유만으로 자신의 열정을 추구하지 않는 것은 끔찍한 변명에 불과하다. 우리 모두 한때는 자전거 타는 법을 몰랐었다. 달걀 요리도, 운전도, 컴퓨터도 다 몰랐지만, 지금은 몰랐었다는 사실조차 잊지 않았는가? 실제로 어느 한 가지에 일정량의 시간만 투자한다면 대부분 1년 안에 새로운 기술을 습득할 수 있을 것이다.

물론 흥미나 열정을 느끼는 분야를 찾았다고 해서 그것을 추구하는 과정이 늘 즐겁고 짜릿하지만은 않을 것이다. 원하는 결과에 이를 때까지는 전념을 다 해 온전히 집중해야 할 필요가 있다. '전념'이란 것을 떠올릴 때마다 나는 예전에 만났던 올림픽 대표 선수들을 떠올리곤 한다. 프로 스포츠맨이 자기 분야에서 가장 뛰어난 선수가 되기 위해 기존의 생활 방식을 어떻게 변화시키고, 또 그 과정에서 어떤 희생을 치르는지 알면 누구나 경탄하지 않을 수 없을 것이다. 그들이 이룬 변화들은 일시적인 것이 아니다.

영국 최고의 육상 선수인 모건 레이크(Morgan Lake)는 나와의 인터뷰에서 자신이 어떤 희생을 감수했는지에 대해 이렇게 말한 바 있다.

처음에는 제법 쉬웠어요. 하지만 중학교에 진학하면서부터 확실히 달라지더군요. 나는 친구들과 더 많이 어울리고 싶었지만, 늘 아빠하고만 있었죠. 코치가 바로 아빠였거든요. 수업이 끝나고 아이들끼리 어울려 놀 때도 저는 훈련을 했어요. 정말이지 많은 것을 놓치는 기분이었죠. 열세 살 때 엄마에게 이제 훈련하지 않겠다고 말했던 적이 있어요. 엄마는 정말 차분하게 말했죠. '그래, 좋아. 그런데 스포츠 장학금을 받고 갔으니 학교는 중퇴해야 할지도 몰라. 그래도 다시 시작할 수 있을 거야.' 엄마는 내 훈련 기구들과 내가 받았던 메달을 전부 침대 위에 쏟아놓았는데, 그때 알았죠. 내가 진심으로 그만두고 싶은 게 아니라는 것을요. 그 뒤로는 단 한 번도 회의감에 빠져든 적이 없어요. 요즘도 그날 일을 떠올리곤 해요. 큰 꿈에는 큰 희생이 따르는 법이죠. 맞아요. 내가 이루고자 하는 것이 내가 희생해야 하는 것보다 훨씬 더 크다는 것을 이제는 잘 알아요.

누구나 꿈을 꾸며 살아가지만, 과연 어떤 꿈이 진짜 꿈일까? 행동과 일치하는 꿈이 진짜 꿈이다. 당신이 매일 하는 그 일이 결국 당신이 어떤 사람이 될 것인지 결정해줄 것이다. 사업을 목표로 정했다면 오늘 당신의 행동이 곧 사업가의 행동일 것이고, 작가의 꿈을 이루기로 했다면 오늘 당신은 어김없이 글을 쓰고 책을 읽었을 것이다. 뼛속까지 뭔가를 원한다면 그것을 실현하기 위해 무엇이든 하게 될 것이다. 그렇다고 누구나 올림픽 대표 선수가 되어야 한다거나 세계 일주를 꿈꿔야 한다거나 자기만의 사업을 목표로 해야 한다는 뜻은 아니다.

당신의 야망은 오로지 당신만의 것이다. 무엇보다 자신이 진정 원하는 것이 무엇인지, 그리고 어떤 목표를 세워야 하는지 정확하게 파악하는 것이 중요하다. 그런 다음, 목표를 실현하는 데 필요한 것이 무엇인지 찾아내야 한다. 만일 자신의 행동이 야망과 일치하지 않는다면, 그것은 행동을 바꾸거나 목표를 바꾸라는 신호일 것이다.

솔직히 모건은 행운아일 수도 있다. 어릴 땐 물론이고 성인이 되어서도 구체적인 목표를 찾지 못한 사람도 많으니까 말이다. 어쩌면 자기 자신, 그리고 자기 인생에 대한 비전을 명확히 정의하지 못했거나, 혹은 자신이 도대체 무엇에 열정을 느끼는지 아직 몰라서일 수도 있다.

"좋아요, 다 좋은 말인데, 어디서부터 시작해야 할지 모르겠어요."

정말 모르겠다면 여기 몇 가지 질문들에 최대한 솔직하게 대답해보길 바란다. 어쩌면 어렴풋이나마 답을 찾을 수도 있을 테니까.

▶ **아무도 읽지 않을 것이란 사실을 알면서도 책으로 쓰고 싶은 내용이 무엇인가?**

단, 당신 외에 아무도 그 책을 읽지 않는다면, 그 책은 제 역할을 하지 못하는 것이다.

▶ **'성공한 사람'이라는 단어를 들으면 어떤 사람이 떠오르는가?**

이 질문에 대한 답은 당신이 성공을 어떻게 정의하는지를 나타낸다.

▶지금으로부터 10년 후, 당신은 어떤 면에서 유명한 사람이 되고 싶은가?

이 질문에 대한 답은 당신이 다른 사람들에게 어떤 사람으로 인식되고 싶은지를 드러내줄 것이다.

▶열 살 때 당신은 어떤 활동을 좋아했는가?

어쩌면 지금도 당신의 일부분은 여전히 그것을 좋아하고 있을지 모른다. 그저 생활이 너무 복잡하고 분주해서 그것을 할 시간을 찾지 못했을 뿐.

▶온종일 밥 먹는 것도 잊을 정도로 몰입해서 할 수 있는 일이 무엇인가?

나에게는 친구와의 전화 통화가 그렇다. 나는 2시간 넘도록 즐겁게 통화하면서도 시간 가는 줄 모른다.

▶올해가 당신 삶의 마지막 해라면, 지금 당장 시작하고 싶은 일은 무엇인가?

이 질문은 대단히 중요하다. 사람들은 불편하다는 이유로 죽음이 연상되는 것들은 피하고 본다. 물론 재미있는 대화거리는 아니지만 적어도 이 상황에서는 균형적 시각의 측면에서 중요한 질문이다.

이 질문에 순서대로 답할 필요는 없고, 또 질문들끼리 직접적으로 연관된 것도 아니다. 그저 당신 자신을 생각하게 만드는 연습 문제일 뿐이다. 질문에 답하다 보면 새로운 열정을 발견하거나 지금과 전혀 다른 길을 찾게 될 수도 있다. 자유롭고 유연하게 생각하면서 당신과 함께 당신의 목표와 열정도 성장하고 발전하게 될 것이라는 사실을 받아들이는 것이 중요하다.

지금 나에게 가장 중요한 것은?

예전에 시험 삼아 완전 채식주의 식단으로 싹 바꿔본 적이 있다. 처음엔 6주 정도 해볼 생각이었다. 특별한 이유는 없었고, 단지 바뀐 식단이 나의 훈련과 건강에 어떤 영향을 미치는지 알아보려면 최소 6주 정도가 필요할 것 같았다. 구태여 주변에 알릴 생각도 없었다. 완전 채식주의에 관해서 공정하게 판단할 시간을 갖기도 전에 떠들어대고 싶지 않아서였다.

6주간의 시범 기간이 끝날 무렵이 되자 기분이 제법 좋아졌다. 그 기간에도 나는 여전히 훈련하고 있었는데, 에너지 수준이 꾸준히 높게 유지되었고 회복도 빨랐으며 수면의 질도 좋아졌다. 가장 눈에 띄게 달라진 점은 나의 피부였다. 피부가 그렇게 좋아 보인 적이 없었고, 다른 사람들도 나의 피부관리법이며 화장품에 관해서 묻기 시작했다. 어쨌건 단점보다 장점이 훨씬 많아서 실험을 계속해보기로 했고, 그게 결국 이듬해까지 이어졌다.

그렇게 2년이 지난 어느 날, 갑자기 다시 고기가 당기기 시작했다. 그 순간 어떤 이유에선지 나는 일종의 부끄러움을 느꼈고, 심지어 그런 내 모습을 인정하기가 싫었다. 왜일까? '쉽게 변하는 사람', '이랬다저랬다 변덕쟁이'라는 소릴 들을까 봐? 솔직히 내가 완전 채식주의를 2년간 유지해온 것이 그저 '일시적인 흉내'에 불과했던 것으로 비치는 것이 싫었다.

한동안 고수하던 생각이나 관심사를 바꾼다는 건 왜 이렇게 힘들까? 생각을 바꾼다고 해서 괴짜가 되는 것도 아니고, 포기한다고 해서 실패하는 것도 아닌데 말이다. 나는 지금 어떤 신념이나 소신 같은 거창한 것을 말하는 게 아니다. 살다 보면 왠지 시도해보고 싶은 것들, 혹은 갑자기 관심 끄는 것들이 생겨나기 마련이고, 그때마다 얼마든지 유연하고 변화무쌍하게 받아들이거나 버릴 수 있지 않나? 사람의 관심사와 열정은 평생에 걸쳐 얼마든지 바뀔 수 있고, 또 계속해서 바뀌게 마련이다. 나는 2년 동안 완전 채식주의에 대해 호기심을 가졌고 흥미를 느꼈지만, 그러다 상황이 바뀌었고 그렇게 바뀐 상황에 맞춰 살다가 언제든 새로운 관심사를 또 만나게 될 것이다. 솔직히 한 가지 취미나 관심사에만 너무 오래 머물기엔 우리 삶이 그다지 길지 않다는 게 내 생각이다.

일 년 전 어느 날, 나는 래퍼이자 기업가인 제시 잇즐러(Jesse Itzler)의 팟캐스트 인터뷰를 들으며 달리고 있었다. 그때 제시의 한마디가 내 뒤통수를 때렸다.

얼마 전에 저는 50번째 생일을 맞았어요. 그런데 갑자기 지나간 시간과 죽음이란 것에 대해 느닷없는 깨달음이 찾아왔죠. 현재 미국 남성의 평균 수명이 78세라는 점을 고려하면, 앞으로 저에겐 불과 28년밖에 남지 않은 겁니다.

쾅! 나는 걸음을 멈추고 말았다. 그때 어떤 길을 달리고 있었는지 기억도 안 난다. 갑자기 온몸에 소름이 끼쳤다. 나는 33살이고 영국 여성의 평균 수명은 81세, 그러니까 평균 수치상으로 나는 48번의 여름을 더 맞이할 수 있다는 뜻이 된다. 물론 그보다 훨씬 더 오래 살 수도 있고, 더 적게 살 수도 있겠지만, 어쨌든 수명이란 건 한정되어 있으니 단 하루도 허투루 낭비할 수 없다는 얘기다.

가만, 지금 내게 가장 중요한 건 뭘까? 정말로 내게 48번의 여름이 남아 있다면, 앞으로 그 여름들을 어떻게 보낼 수 있을까? 아직은 계획을 못 세웠다. 다만 내가 절대로 하지 않을 행동이 무엇인지는 알고 있다. 우선 날마다 일에만 매달려 살거나, 하고 싶지 않은 일을 의무감 때문에 억지로 하지는 않을 것이다.

예를 들어 지난 몇 년간 잘 만나지도 않던 친구에게서 청첩장이 날아온다면 어떻게 해야 할까? 결혼식 장소가 프랑스 남부라서 오며 가며 체류 기간까지 최소 나흘 잡고, 돈도 꽤 들 테니 결국 휴가 때 쓰려고 모은 돈을 써야 할 것이다. 친구의 결혼은 분명 축하해야 할 일이지만, 솔직히 친구 신랑도 잘 모르고 하객 중에 아는 사람도 거의 없다. 어떻게 해야 할까? 잊지 말자, 이 여름은 다시 오지 않는다는 사실을.

여기서 배워둘 만한 사실은, '진심으로 하고 싶은 일이 아니라면' 다른 사람들을 위해, 혹은 마지못해 그 일을 수락하는 일은 없어야 한다는 것이다. 대신 자기 자신을 위해 그 여름을 어떻게 보내고 싶은지 물어보라. 다시 못 올 그 여름을 당신은 어디서 보낼 것이며, 누구와 같이 가고 싶은가? 어떻게 하면 당신의 소중한 여름날을 좀 더 의미 있게 보낼 수 있을까?

오, 제시! 고마워요. 당신 덕분에 나는 앞으로 봄, 여름, 가을, 겨울 그 어떤 하루도 허투루 보내지 않을 거예요. 맞다, 그리고 더 중요한 것은 내가 비로소 행동하게 되었다는 것이다. 그때 그 팟캐스트 방송을 듣고 난 직후, 나는 버킷리스트를 만들었다. 해야 할 일과 방문할 장소, 만나야 할 사람…, 100개의 항목이 채워졌다. 작고 사소한 항목도 있지만, 하나같이 나에게 중요하고 의미 있는 것들이다. 나는 버킷리스트를 노트북 어딘가에 저장하고 잊어버리는 대신, 핸드폰에 넣어두고 틈만 나면 들여다보기로 했다. 내 목록에 포함된 몇 가지를 살펴보면 다음과 같다.

1. 여름 내내 이탈리아에서 보내기 (최소한 3개월)
2. ~~런던 마라톤에 참가하기~~
3. 헌혈하기
4. ~~책 쓰기~~
5. 데이빗 고진스(Daivd Goggins)와 인터뷰하기
6. 캠핑 가기
7. 캐나다 밴쿠버 방문하기
8. 타투에 도전하기
9. 올림픽에 참가하기
10. 6개월 동안 자선단체에서 봉사하기
11. ~~스노보드 배우기~~
12. 브라질 리우데자네이루 방문하기
13. 파쿠르(parkour – 프리 러닝) 강좌에 참가하기

14. ~~TEDx에서 강연하기~~

15. 뉴욕시 마라톤에 참가하기

16. ~~브로드웨어 쇼 관람하기~~

17. 강아지 입양하기

18. 여동생과 휴가 가기

19. 남동생과 휴가 가기

20. 성경을 처음부터 끝까지 읽기

21. 새해 전야제 파티 열기

한 가지 덧붙이자면, 다른 사람들이 당신의 목표를 공유하거나 당신과 같은 관점으로 세상을 바라볼 것이라는 기대는 하지 말기 바란다. 당신의 목표와 열정은 오로지 당신만의 것이다. 누군가를 자기 방식대로 바꾸려고 하는 사람은 무조건 피하자. 경험상 다른 사람의 마음을 움직이는 최고의 방법은 행동으로 보여주는 것뿐이다. 당신의 목표에 맞게 인생을 살면 다른 사람들이 알아볼 것이다. 당신이 추구하는 것을 그들도 추구할 수도 있고 아닐 수도 있지만, 떼를 써서 다른 사람들을 억지로 변화시킬 필요는 없다.

아무것도 하지 않는 것의 달콤함

인생의 목적을 찾는 것이 100가지 목록을 하나씩 지워나가는 것만큼 쉬운 일은 물론 아니다. 하지만 최소한 좋은 출발은 될 수 있다. '죽기 전에 꼭 해야 할 일'을 준비하고 실행하고 하나하나 지워갈 때마다 일상에 가려진 삶의 의미를 조금이나마 곱씹어볼 수 있을 테니까.

사실 우리가 온전히 삶을 살아가는 데 있어 가장 큰 훼방꾼은 바로 생활 그 자체가 아닐까? 한마디로 일상의 사소함을 유지하느라 인생이라는 거대 담론을 자꾸 잊게 된다는 얘기다. 열정을 추구하지 못하게 방해하는 요소는 무엇일까? 맞다, 돈과 시간, 그리고 두려움이다.

대부분 인생의 목적은 고사하고 자신의 열정을 찾기 위한 자아 탐구조차 할 시간이 없다. 하던 일을 그만둘 만큼 여유도 없는 데다 어떻게 해야 열정을 느끼는 일을 하면서 돈을 벌 수 있을지, 그렇게 해서 과연 돈을 벌 수나 있을지도 확신할 수 없다. 이런 이유로 열정이 이끄는 삶을 추구하는 것에 대해 '팔자 좋은 소리', 혹은 '감당 못 할 사치'라는 반응도 만만치 않다.

하지만 그들의 속내로 좀 더 깊숙이 들어가 보면, 열정적인 삶을 추구하고 싶긴 한데 막상 그런 도약을 감행하기가 두려운 건 아닐까? 꿈꿨던 인생이 어떤 것인지 알면서도 실패할까 두려워 그저 안전한 일상에 머물러 있는 것은 아닌지.

꿈꾸는 삶을 살고 있지 못하거나 늘 머뭇거리고 망설이는 사람들이 입만 열면 하는 말이 있다. "난 시간이 없어. 너무 바빠."

왜 그렇게 바쁜가? 언제부터 이렇게 바쁘게 사는 삶이 기본값처럼 되어버렸을까? 어떤 이들에겐 '바쁨'이란 것이 마치 존재의 증거인 것처럼 작용하기도 한다. 즉 바쁘다는 것은 곧 자신이 중요한 사람이며, 자신의 시간이 진정으로 가치 있다는 점을 암시하는 셈이다. 반대로 시간이 남아돌거나 한가하다면, 그것은 이제 사람들에게 자신이 필요하지 않거나 다른 누군가로 대체 가능하다는 것을 의미할 수 있다. 그런 불안감에 쫓겨 다들 그렇게 바쁜 삶을 살게 된 것은 아닐까?

하지만 엄밀히 따져보면 바쁘다는 것은 '우선순위가 따로 있다'라는 뜻이기도 하다.

"오랜만에 저녁 같이 먹을까?"

"미안, 너무 바빠서."

여기서 바쁘다는 것은 친구와의 저녁 식사가 현재의 우선 사항이 아니라는 뜻이다. 누구에게나 시간은 가장 소중한 것이고, 누군가에게 줄 수 있는 가장 가치 있는 것이므로 다른 사항에도 똑같이 적용된다. 운동할 시간이 없다면 그것은 당신에게 아직 운동이 그렇게 중요하지 않은 것이다. 책 읽을 시간이 없는가? 독서가 당신에게는 그렇게 중요하지 않은 것이다. 부모님을 찾아뵐 시간이 없는가? 부모님 만나는 일이 당신에게는 그렇게 중요하지 않은 것이다. 우리는 가장 소중하다고 생각하는 일이나 사람들에게는 어떻게든 시간을 낸다. 인정하기 어렵겠지만, 당신의 시간을 차지하는 것들은 대개 당신이 가장 소중하게 생각하는 것들이다. 핑계 대고 싶어도 어쩔 수 없다. 사실은 사실이니까.

나 또한 지난 몇 년 동안 무척 '바쁘게' 보냈는데, 돌이켜보니 바쁜 삶에는 항상 대가가 따르는 것 같다. 내가 좋아하는 IN-Q의 시 〈홈 (Home)〉에 이런 구절이 있다.

나는 삶을 위해 일해왔지만,

그것은 일이 아니었다네.

내가 살고 있지 않았기 때문에.

다른 일은 도저히 할 수 없을 만큼 '너무 바쁜' 나 자신을 알아챌 때마다 나는 이 시구를 떠올린다. 산다는 것은 일과 삶 사이에서의 끝없는 균형 잡기라서 단순히 더 많은 시간을 내는 것만으로는 문제가 풀리지 않는다.

만일 당신도 나처럼 일을 사랑하는 사람이라면, 일과 삶의 경계가 모호하게 느껴질 때가 있을 것이다. 아무리 일을 사랑하고 즐긴다 해도 어쨌건 일은 일이다. 일과 삶의 거리가 너무나 가까우면, 갑자기 세상 전체가 일이 되어버릴 때가 있다. 일어나자마자 해야 할 일들을 떠올리고, 모든 대화가 일 중심으로 흘러가며, 읽거나 보는 모든 것이 어떻게든 일과 연결되게 된다. 그러다 어느 순간 그 일이 곧 당신이 되어버린다. 열정도 그냥 내버려두면 어느새 집착으로 변할 수 있다. 빨간 찰흙과 파란 찰흙을 섞어서 공처럼 뭉친다고 상상해보자. 그런 다음 빨간 찰흙을 파란 찰흙에서, 즉 일을 삶에서 떼어내보라. 어림도 없다.

빡빡한 업무 스케줄과 이메일, 사회적 의무, 마감일로 일정이 가득하고, 이따금 저녁에나 간신히 시간을 낼 수 있는 그런 삶을 살고 있다면, 와인 한잔 마시며 생각해보자. '정말 그럴 만한 가치가 있는가?'

물론 이 생활이 장기적인 보상으로 이어지는 단기적 상황이라면, 마땅히 집중해야 할 것이다. 하지만 며칠, 몇 주, 몇 달이 지나도록 똑같은 상황이 반복되고, 그 결과 인생의 목적을 추구하기는커녕 그것에 대해서 생각할 시간조차 없을 정도로 '너무 바쁘다'라고 느낀다면, 이제 브레이크를 살짝 밟아야 할 때다.

그런데 살다 보면 동시에 많은 패를 한꺼번에 돌려야 할 시기도 있다. 나도 그렇게 여러 가지 일을 해내며 한 계단씩 올라온 게 사실이다. 하지만 일과 삶을 확실하게 구분하지 않은 탓에 중요한 것들을 얼마나 많이 놓쳤는지 모른다. 특히 내가 선택한 생활 방식으로 인해 친구들과의 우정이 뒷전으로 밀려났다. 친구와 일정을 맞추는 것이 런던에서 제일 비싼 레스토랑에 예약하기보다 어려울 때도 있다. 저마다 3개월간 기다렸다 만나야 하고, 만나도 90분을 넘기지 못한다.

'바쁜 게 좋다'라는 말은 과대평가되어 있다. 나에게 중요한 일, 그리고 내게 소중한 사람들을 위해 시간을 내지 못할 정도로 바쁘다면, 그것은 애초에 내가 우선순위를 잘못 매겼다는 뜻이다. 따라서 잠시 시간을 내어 우선 사항을 재평가하고 몇 가지 순서를 변경해야 한다.

그래서 나는 주간 스케줄과 연간 캘린더에 '여백'을 반드시 마련해둔다. 여백은 말 그대로 '여백을 위한 시간'을 뜻한다. 일정표 안에 하얗게 텅 빈 여백은 결코 타협할 수 없는 절대 공간이며 그 무엇도 끼어들 수 없다. 이 시간은 밀린 이메일을 보는 시간도 아니고, 팟 캐스트 인터뷰를 준비하거나 아이디어를 떠올리려고 일부러 빼놓은 시간도 아니다. 이 시간은 정말 아무것도 하지 않는 시간이다. 나는 일주일에 3시간 정도, 주로 목요일 오후에 여백의 시간을 정해놓는다. "뭐? 매일 오전 5시 반에 일어나면서 목요일 오후에 3시간씩이나 아무것도 안 한다고?" 뭔가 모순적이라고 느껴질 수도 있겠다. 하지만 내가 아침 5시 반에 일어나는 건 그저 더 많은 일을 하기 위해서가 아니다. 물론 처음엔 그런 마음으로 시작했지만, 몇 년 지나고 보니 일찍 일어나는 생활 덕분에 '일주일에 3시간' 같은 여백을 즐길 수 있는 에너지가 생성된다는 사실을 알게 되었다.

사실 처음엔 몇 시간 동안 아무것도 하지 않는다는 게 얼마나 낯설고 어색했는지 모른다. 이탈리아어에는 '아무것도 하지 않는 것의 달콤함(dolce far niente)'이라는 표현이 있지만, 영어에는 없다는 게 그다지 놀랍지도 않았다. 영어권 국가인 영국이나 미국에서는 있을 수 없는 일이다. 사람이 어떻게 아무것도 하지 않을 수 있단 말인가? 너무 게으르고 비생산적이지 않은가? 맞다, 아무것도 하지 않고 그 순간의 즐거움을 선택한다는 것은 다른 나라에나 있는 개념이다. 우리 사회는 즉흥적인 재미, 파티 당일에 받은 초대, 놀고 배울 기회, 그저 잠시 멈추고 흘러가는 시간을 관조할 수 있는 그런 여유를 허용하지 않는다. 텅 빈 고요 속에서 문득 떠오르는 독창적인 생각을 기대하기엔 주변에서 실시간으로 몰려오는 정보의 잡음이 너무도 요란하다.

나처럼 잠시도 뭔가를 하지 않으면 큰일 날 것 같은 사람들이 여백에 익숙해지기까지는 꽤 시간이 걸릴 것이다. 아무것도 하지 않는 게 뭔가를 하는 것보다 훨씬 불편하게 느껴질 수도 있다. 내 경우엔 팟캐스트를 듣거나 심지어 책을 읽고 싶은 유혹마저도 피하려고 노력한다. 대신 고요한 고독을 받아들인다.

처음엔 핸드폰을 집에 두고 약간 멀리 산책을 떠나보라. 가만히 앉아서 하는 명상을 좋아하지 않는다면, 걸으면서 하는 명상이 좋은 대안이 될 수도 있다. 아니, 어쩌면 명상도 '뭔가를 억지로 하는 것'처럼 느껴질 수 있으니 그저 아무 생각 없이 걸어보라. 생각도 멈추고, 어떤 계획도 세우지 말자. '여백의 시간이 끝나면 뭘 할까?'라는 생각도 지워버리자.

돈이 먼저냐, 열정이 먼저냐?

이제 돈 얘기다. 현실적으로 열정을 추구할 금전적인 여유가 없다면 어떻게 해야 할까? 이것은 늘 어김없이 대두되는 문제이며 거의 모든 사람이 고민하는 문제이기도 하다.

현실적으로 생각하자. 예컨대 런던처럼 물가가 비싼 도시에서는 혼자 사는 젊은이든 대출금과 양육비가 들어가는 부모든 누구를 막론하고 모두 금전적인 해결 방안을 갖고 있어야 한다. 아, 걱정하지 마시라. 열정 프로젝트를 위해 지금까지 하던 일을 모두 그만두라거나 전 재산을 당신의 열정 추구에 투자하라고 제안하지는 않을 테니.

나는 좀 더 현실적인 방안을 제시하고 싶다. 그것도 세 가지나 된다. 선택은 당신 몫이다.

선택 A. 하던 일을 계속하며 활주로 닦기

우선, 하던 일은 그만두지 말고 계속해나간다. 대신 사이드잡을 통해 수입 경로를 더 확보해보자. 사이드잡으로 지속적인 수입을 유지할 수 있다는 자신감이 생기면 지금 하는 일의 근무 시간을 줄여 시간제로 전환하거나 프리랜서로 전향하는 방법을 고려할 수 있다. 이런 방식을 행복 컨설턴트인 사만사 클라크(Samantha Clarke)는 '금전적 활주로'라고 표현한다.

하던 일은 절대로 그만두지 마세요. 생활비 걱정에 집중하는 순간 어처구니없이 편협한 선택을 내릴 가능성이 크거든요. 대신에 활주로를 만드는 거죠. 앞으로 6개월 후, 9개월, 12개월 후에 일을 그만두고 싶을 때 어떤 활주로가 필요할까? 그렇게 하려면 얼마나 모아야 할까? 자리에 앉아서 꼼꼼하게, 현실적으로 생각해보세요. 자신이 안정적인 생활을 얼마나 소중하게 여기는지, 위험 부담과 불확실성을 얼마나 잘 감당할 수 있는지도 잘 생각해보세요. 지금 하는 일을 그만두기 전에 이 모든 것들을 반드시 고려해야 합니다.

당장 돈을 더 마련하긴 쉽지 않지만, 시간은 어떨까? 돈보다 더 귀한 1시간을 마련해보자. 앞으로 6개월 동안 사이드잡이나 열정 프로젝트를 진행하기 위해 매일 아침 파워 아워에 전념할 수 있는가? 하루에 고작 1시간에 불과하지만, 그 1시간은 목표를 향한 길 닦기와도 같다. 당신의 멋진 비상을 위한 활주로를 상상해보라. 사만사도 파워 아워의 필요성을 이렇게 표현했다.

"필요한 일을 하기 위해 1시간 일찍 일어나는 것으로 시간을 좀 더 내보면 어떨까요? 처음엔 시험 삼아 해본다고 생각하세요. 그러다 몇 개월 뒤에 되돌아보며 결과를 평가해보세요. 똑같이 주어진 하루 24시간을 어떻게 사용할지는 각자에게 달렸답니다."

선택 B. 두 마리 토끼를 다 잡기

당신의 목표에 부합하는 비즈니스를 만들어 그것을 소득원으로 키워라. 투자와 펀딩에 관한 비즈니스 코치나 재정 고문을 찾아 조언을 받는 것도 괜찮다.

지난 3년간 피트니스 테크놀로지 신생 기업인 피잇(Fiit)과 협력해오는 동안 나는 스타트업 세계에서 비즈니스를 만들고 유지하는 데 정말 꼭 필요한 게 무엇인지 똑똑히 지켜보았다. 그건 바로 수익이다. 인생의 목표를 향한 것이든 그렇지 않은 것이든, 비즈니스를 운영하고 팀을 고용하기 위해서는 수익을 창출해야 한다. 반가운 소식을 알려주자면, 삶의 목적과 수익 두 가지를 모두 추구할 수 있다는 것이다. 그 둘은 상호 배타적인 것이 아니다.

《스타트 위드 와이(Start With Why)》의 저자이자 동기부여 강사인 사이먼 사이넥(Simon Sinek)은 기업체들이 목적의식을 지녀야 한다고 주장한다. 목적의식이 분명한 조직은 그 가치를 공유하는 사람들을 고용하는 데 도움이 되고, 기업의 목표 역시 명확하게 인식시켜 주기 때문이다. 비슷한 맥락에서 글로벌 기업가이자 저자인 아리아나 허핑턴(Arianna Huffington)은 목적이 곧 기술이라고 설명한다.

흔히들 목적을 '변하지 않는 무언가'라고 생각합니다. 하지만 사실 목적이란 것은 회사가 수익 창출과 성장을 넘어 무엇을 위해 존재하는지를 기업 내의 모든 사람이 내면화할 수 있도록 조직 전반에 걸쳐 구축하고 양성할 수 있는 하나의 기술입니다.

목적의식을 지닌 기업이 100% 성공한다는 보장은 없다. 하지만 목적의식은 뜻밖의 시련이나 불가피하게 저지른 실수마저 가치 있고 의미 있는 것으로 해석할 수 있게 해준다. 목적의식을 지닌 사람은 자신이 의미 있는 무언가를 만들어내고 있다는 것을 알고 있고, 또 그들이 아침마다 잠자리를 박차고 일어날 에너지도 바로 거기에서 나온다.

선택 C. 돈 따윈 잊고 열정적인 삶을 즐기기

A와 B는 모두 어느 정도의 시간이 요구되는 선택이다. 만약에 그런 기다림이 지루하다면 지금 당장 조각조각 즐기는 방법도 가능하다. 차라리 돈을 벌어야겠다는 생각마저 다 잊고 그저 열정적인 시간을 즐겨보는 것이다.

정신 나간 소리라고? 잠깐, 기억을 더듬어보라. 살면서 어떤 즐거운 놀이에 흠뻑 빠지거나 매혹적인 취미에 열정을 느껴본 적이 없는지. 단순히 즐기기 위한 취미 말이다.

잠시 하던 일을 내려놓고, '모든 활동을 화폐로 만들어야 한다'라는 압박감에서 완전히 벗어났다고 상상해보자. 요즘은 무엇이든 돈과 연결 지어야 하고, 금전적 가치로 환산할 수 없는 것들은 '무의미', 혹은 '무가치'한 것으로 여긴다. 그래서 뭔가 남다른 재주나 취미가 있으면 어떡하든 그걸 팔아서 돈을 벌어야 한다고 생각한다.

취미를 취미로 남겨두고 그저 즐길 수는 없을까? 오히려 취미를 즐기는 것에 대한 대가로 돈을 받기 시작하는 순간, 즐거움이 의무감으로 바뀔 수 있다.

나는 순전히 서핑을 즐기고 싶어 아침 5시에 일어나는 사람을 알고 있다. 단지 그림을 그리고 싶어서, 달리고 싶어서, 기타 연습을 하고 싶어서 1시간 일찍 일어나는 사람도 많다. 프로 서퍼가 되거나 화가, 육상 선수, 기타리스트가 되고 싶어서가 아니라 그저 매일매일 자

신이 진정 사랑하는 활동을 하기 위해 일찍 눈을 뜨는 것이다. 그게
바로 시간을 가장 잘 활용하는 방법이 아닐까?

두려움을 이기는 몇 가지 방법

대놓고 말하지는 않지만, 사실 인생의 목적을 추구하지 못하는 가장 큰 이유는 바로 두려움이다. 두려움은 기본적인 감정이라 없앨 수도 없고, 없어지기를 바라서도 안 된다. 뭔가 해롭거나 고통스럽거나 위험할 것 같으면 본능적으로 두려움이 생기는데, 그것은 오히려 인간에게 꼭 필요한 생존 요소다. 사자가 달려드는데도 멀뚱멀뚱 서 있었다면 인류는 죄다 멸종했을 것이다.

두려움에 대한 신체의 반응을 '투쟁 도피 반응'이라고 한다. 즉 어떤 행동을 취하도록 강요함으로써 앞으로 나아가게 하거나(투쟁), 또는 반대 방향으로 도망가게 만든다(도피). 두 가지 반응 모두 우리를 안전하게 보호하는 역할을 한다. 그러나 두려움에 반응할 수 있는 세 번째 방법이 있는데, 바로 '아무것도 하지 않는 것'이다. 두려움은 일시적으로 우리를 마비시켜서 아무것도 하지 못하게 만든다. 많은 이들이 변화를 이루거나 위험을 감수하지 못하는 것도 바로 이 때문이다.

비즈니스 코치 겸 작가인 조디 쉴드(Jody Shield)는 '목적이 이끄는 삶'에 관해서 모르는 것이 거의 없는 인물이다.

20대에 그녀는 런던의 어느 광고 회사에서 누구보다 신나고 바쁘게 일하며 모두가 부러워할 만한 삶을 살았다. 하지만 그녀의 실상은 사뭇 달랐다. 당시 그녀는 '분주함에 중독되어 있었고', 너무 지쳐 이미 번아웃 상태에 이를 정도였다. 결국 조디는 한계점에 도달했고, 병을 앓게 되었다.

그녀는 뭔가 새로운 것을 찾아 미지의 땅인 남미행 편도 티켓을 충동 구매했다. 그런데 '강력한 한 방'과도 같은 그 한 번의 결정이 조디의 인생 경로를 완전히 바꾸어 놓았다. 나아가 자기 자신뿐만 아니라 수천 명에 이르는 사람들의 삶에도 놀랍도록 긍정적인 영향을 미쳤다.

두려운 상황에서는 누구나 두려움을 느끼겠지만, 모두가 똑같은 방식으로 두려움에 반응하는 것은 아니다. 나는 조디에게 물었다.

"두려움에 대한 당신의 생각과 불안, 긴장감, 그리고 자기 회의감을 도대체 어떻게 제어하고 관리하나요?"

그녀는 웃으며 '콜드 테라피'라고 말했다.

얼음을 깨고 그 차가운 물에 뛰어든다고 상상해보세요. 아마 그 즉시 마음가짐이 바뀌면서 일종의 투쟁 도피 반응이 나타날 거예요. '아, 차가운 물은 정말 끔찍해! 들어가고 싶지 않아!' 이런 경고음이 들려오겠죠. 맞아요, 나도 얼음장처럼 차가운 물로 샤워할 때마다 그런 경고음을 들어요. 나는 언제나 나 자신의 한계를 넓히고 싶어 하는 사람이에요. 내가 지닌 기존의 믿음과 두려움에서 벗어나길 원하기 때문에 콜드 테라피가 나에겐 정말 훌륭한 시험대와도 같아요. 마음속에서는 끝없이 '그만둬, 위험해, 죽을 수도 있어!'라는 위협적인 경고음이 들려오는데 나는 오히려 그 속으로 들어가는 거죠. 그렇게 매번 찬물 샤워를 할 때마다 나는 도망가고 싶은 충동에 저항합니다. 이겨내는 힘만큼 나의 한계가 넓어지고, 또 그만큼 나도 성장할 테니까요. 만일 당신이 두려움이나 어떤 트라우마 때문에 한계를 느낀다면, 차가운 물로 샤워를 해보세요. 아니면 상상으로라도 얼음물에 들어가보세요. 자신에게 가능한 것이 무엇인지에 대한 믿음이 늘어나기 시작할 거예요.

누구나 두려움을 느끼는 특정 대상이 있게 마련이다. 그리고 대부분 그 두려움을 이겨내기보다는 회피하는 쪽을 선택하고, 그렇게 두려움은 그 사람의 삶에 깊이 뿌리내리게 된다. '콜드 테라피'에 대한 조디의 설명은 '두려움 리허설'과도 연결된다.

두려움 리허설이란, 말 그대로 자신이 통제할 수 있는 상황에서 느끼는 두려움에 어떻게 반응할 것인지 상상해보는 것이다. 그럼 다음에 실제로 그런 순간이 닥쳐도 자신의 반응에 더 잘 대응하고 관리할 수 있을 것이다. 프리솔로 암벽 등반가들이 치명적인 암벽 등반을 시도하기 전에 주로 이 기술을 사용한다. 암벽 등반에서는 '얼마나 평정심을 지킬 수 있는가?'가 삶과 죽음을 갈라놓는다. 만일 당신이 어떤 발표나 중요한 행사를 앞두고 충분히 준비했음에도 여전히 긴장과 두려움을 느낀다면, '두려움 리허설'을 해보라. 훨씬 더 자신 있게, 혹은 좀 더 차분하게 상황에 임할 수 있을 것이다.

두려움을 더 작고 약하게 만드는 또 다른 방법은 '노출하고, 인정하기'다. 자신의 무지와 약점을 숨기려 애쓰기보다는 그대로 드러내고 인정하는 것이다. 이것은 가장 효과적이면서도 가장 어려운 일이다. 약점을 드러낸다는 것 자체가 엄청난 공포이기 때문이다. 하지만 처음부터 프로인 사람은 없으며 오히려 배우면 배울수록 모르는 게 많아진다는 것이 바로 진전과 성장의 역설이다.

그러니 실수를 두려워하지 말자. 어차피 당신도, 그리고 당신이 하는 일도 100% 완벽할 수는 없다. 마음 편하게 그냥 하라! 실패보다 더 무서운 것이 1년 뒤에도, 10년 뒤에도 그냥 그 자리에 멈춰 있는 것이다.

앞서 나는 우리에게 주어진 시간이 한정적이며 우리가 보낼 수 있는 여름의 횟수도 점점 줄어든다고 말했다. 하지만 그렇다고 매일매일 다급함을 느끼면서 살아야 한다는 뜻은 아니다. '목적'을 이야기하는 이 장의 취지는 한 발짝 물러서서 인생이라는 큰 그림을 보자는 것이다. 그리고 잠시 일상의 분주함에서 벗어나 '내가 진정 얻고 싶은 것이 무엇인가'라는 질문을 던져보자는 뜻이다.

시간을 인식하는 것이 시간보다 더 빨리 달려야 함을 의미하진 않는다. 씨앗을 심은 날 열매를 따 먹을 수는 없지 않은가. 열매가 열릴 때까지는 당연히 기다림이 필요하다. 전설적인 방송인이자 DJ인 트레버 넬슨(Trevor Nelson)은 이렇게 말했다.

음악이나 방송 관련 일을 하고 싶어 하는 젊은이들이 나를 찾아와 조언을 구하면, 나는 잠시 시간을 내어 조언해주긴 합니다. 그렇다고 내가 모든 답을 아는 건 아니죠. 누구나 자기만의 길을 닦아 나가는 방법을 스스로 찾아내야 하니까요. 내가 지나온 길은 곡괭이로 터널을 파는 것과도 같았어요. 조금씩 조금씩 파내다 보면 미처 깨닫기도 전에 10년이 흐르고, 그래도 여전히 그 길을 조금씩 파내면서 가고 있습니다. 터널의 끝이 어디인지도 모르고, 앞서 나가는 사람이 있어서 따라갈 수 있는 것도 아니지만, 그래도 조금씩 애쓰면서 계속해서 나아갑니다. 그런데 요즘 젊은 세대가 가진 문제는, 터널을 관통해서 볼 수 있고 반대편 끝이 어디인지 알 수 있으며, 그래서 가능한 한 빨리 터널을 벗어나고 싶어 한다는 거예요. 오늘날에는 모든 것이 지나치게 빠르게 지나가고, 모든 것에 자유롭게 접근할 수 있다는 것이 오히려 가장 큰 문제입니다.

방향만 정확하다면 터널을 파내는 데 얼마나 오래 걸리는지는 중요하지 않다. 노력은 절대 헛된 법이 없다. 특히 뭔가 의미 있고 가치 있는 일을 할 때는 더욱 그렇다. 80세까지 살아서 지나간 삶을 되돌아본다면 당신에게는 어떤 일들이 가장 중요하고 기억에 남는 순간들로 남을 것 같은가? 당신은 어떤 사람으로 알려지고 기억될 것인가? 가족을 지킨 사람? 비즈니스를 구축한 사람? 세상을 여행한 사람? 책을 저술한 사람? 정의를 위해 싸운 사람? 세상에 웃음을 선사한 사람? 그런 중요한 순간들이 결국 당신의 인생과 목적에 의미를 부여하는 것들이 될 것이다.

기적은 세상이 잠든 시간에 싹튼다

POWER

HOUR

파워 아워를
만드는 시간

7장

"몇 시에 일어나세요?"

5시? 7시? 아니면 10시? 아무래도 좋다. 정말 중요한 건 '몇 시에 일어나는가?'가 아니라 '하루의 첫 1시간을 어떻게 쓰는가?'이다. 당신이 오전 6시에 일어난다면, 6시부터 7시까지가 하루의 첫 1시간, 즉 당신의 파워 아워다.

성공적인 삶을 살아가는 사람들은 대부분 의도적이든 본능적이든 하루의 첫 1시간을 금쪽같이 여긴다. 왜 그럴까? 처음 1시간이 남은 하루의 에너지와 기분, 의사 결정 등에 결정적인 영향을 끼치기 때문이다.

그럼 하루의 첫 1시간을 어떻게 활용해야 할까? 지난 몇 년간 나는 수많은 시행착오를 거치며 그 1시간 안에 어떤 활동을 넣고, 어떤 활동을 빼야 하는지 실험을 거듭해왔다. 새로운 도전, 원하는 습관, 갖고 싶은 능력이 생겨날 때마다 거기에 초점을 맞춰가며 파워 아워를 활용해온 것이다.

처음 몇 달 동안은 움직임과 마라톤 훈련에만 집중했다. 그러다가 독서 습관이 필요해지면서 자연스럽게 독서 타임을 끼워 넣었고, 다시 글쓰기와 명상으로 바뀌었다. 1시간의 프로그램은 끝없이 변화하고 진화하기 마련이다. 변하지 않는 게 있다면, 날마다 어김없이 하루의 첫 1시간을 갖는다는 것.

이제부터 당신만의 파워 아워를 구축하게 될 것이다. '왜, 무엇을, 어떻게?' 처음엔 수많은 질문이 떠오르고, 당연히 나처럼 시행착오를 거칠 것이며, 또 그게 정상이다. 처음부터 완벽하게 성공하는 사람은 없다. 아니, 성공은커녕 시작조차 못 할 수도 있으며 딴 데 정신을 빼앗기거나 예기치 않은 일들로 인해 가다 서다를 반복할 수도 있다.

살다 보면 이런저런 온갖 일들이 생기게 마련이다. 그럴 땐 억지로 핑곗거리를 만들거나 매달리지 말고 그냥 놔버리자. 언제든 리셋 버튼을 누르고 다시 시작하면 된다. 가끔 이 책에 밑줄 쳐놓은 구절들을 다시 들여다보자. 공감했던 페이지나 이야기, 인용문을 찾아 다시 읽어보자. 내 방식이 효과가 없다면, 다른 사람의 파워 아워를 참고해보자. 자신에게 맞는 이상적인 생활 규칙을 발견할 때까지 계속해서 수용하고 다듬어 나가는 것이 열쇠다.

정말 '하루 첫 1시간'이 삶을 바꿀 수 있을까?

나는 인터뷰 때마다 상대방의 간략한 라이프 스토리를 묻는다. 어디서 어떻게 자랐고, 학창 시절은 어땠는지, 그 업계에는 어떻게 발을 들여놓게 되었는지 등등. 이 과정에서 나는 사람들마다 자기 이야기를 들려주는 방식과 고유한 관점이 있다는 것을 알게 되었다. 자기 이야기에 대한 관점과 태도, 그리고 믿음이 모여 그 사람의 마인드셋을 이룬다. 노력과 실패, 기회와 성취를 바라보는 방식, 그리고 부모, 친구, 동료 등 그들의 이야기 속 등장인물들에 대해서 말하는 방식, 이모든 것이 그들의 세계관을 들여다볼 수 있는 창이 된다.

"학창 시절에 나는 정말 열심히 공부해야 했어요. 성적이 좋지 않아 어떡하든 올리려고 애썼죠. 하지만 대학 진학에 실패했고, 결국 이른 나이에 직업 전선에 뛰어들었어요. 밑바닥부터 많은 경험을 했죠. 그러다 보니 남들보다 앞서서 경력을 쌓기 시작했어요."

누군가 이런 이야기를 들려준다면 '아, 이 사람은 성장 마인드셋을 지녔구나'라고 생각해도 무방할 것이다. 약점을 뒤집어 강점으로 바꿔놓았으니까.

당신의 이야기는 어떤가?

당신은 어떤 관점으로 삶을 대하고, 어떤 창을 통해 세상을 바라보는가? 당신은 어떻게 해서 지금 그 자리에 서 있게 되었는가? 상황에 떠밀려서, 아니면 당신 자신의 의지와 노력으로? 앞으로도 당신의 삶과 미래를 스스로 만들어나갈 수 있는 능력이 당신 자신에게 있다고 믿는가? 혹시 자기 자신에 대해 늘 운이 없거나 불행하다는 식의 피해자 흉내를 내고 있진 않은가? 어떻게 하면 자신에게 좀 더 힘이 되는 이야기를 들려줄 수 있을까? 인생의 목적을 추구하고 능력을 발휘하며 살고 싶다는 욕망과 의지를 과연 어떻게 펼칠 수 있을까? 과거 때문이 아니라 과거에도 불구하고 말이다.

결국 가장 중요한 것은 당신의 이야기를 현실화하는 것이다. 그러기 위해서는 당신의 꿈, 당신의 이야기를 '사실'로 만들어야 한다.

이런 상상을 해보자.

지금으로부터 정확히 1년 후 당신은 카페에 앉아 친구에게 이렇게 말하고 있다. "지난 한 해는 정말 최고의 한 해였어."

이 말이 사실이 되려면 앞으로 365일 동안 무슨 일이 벌어져야 할까? 염두에 둔 최종 목적에서부터 필요한 단계들을 거꾸로 거슬러 올라가 보라. 어쩌면 직업을 바꾸거나 미뤄온 운동을 시작해야 할지도 모른다. 새로운 사람들을 만나거나 새로운 기술을 배우거나, 아니면 돈을 모아야 할 수도 있다. 뭐가 되었든 꿈을 실현하기 위해 꼭 해야 할 그 일을 당장 오늘부터 시작하라. 이 순간부터는 오로지 앞으로만 나갈 수 있다.

고정 마인드셋이나 부정적인 믿음들로 인해 해마다 똑같은 이야기에 갇히지 말자. 새로운 이야기를 만들기 위해 파워 아워를 시작해 보자. 시간은 우리가 가진 가장 소중한 것이고, 한 번 지나면 절대 되찾을 수 없는 유일한 것이다. 그러니 시간을 가치 있게 만들어야 한다. 그렇다, 우리에겐 모두에게 똑같이 주어진 시간이 있다.

돈은 벌거나 쓸 수 있고, 따거나 잃을 수도 있다. 심지어 생각 없이 쓴 돈을 환불받을 수도 있다. 하지만 시간은? 시간은 한 번 지나가면 그대로 끝이다. 그런데도 우리는 시간 관리보다 금전 관리에 더 많은 생각과 에너지를 투자한다.

지금 당신의 다이어리를 펼쳐보라. 무엇이 어떻게 적혀 있나? 만일 아무것도 적혀 있지 않거나 일정에 공백이 많다면, 그것은 당신이 빡빡한 일정보다는 여유롭게 물 흐르는 대로 살아가는 쪽을 선호한다는 뜻이다. 물론 사람마다 선호하는 방식이 있을 수 있다. 다만 약점은 누군가가, 혹은 뜻밖의 상황들이 늘 당신의 시간을 노리고 있다는 점이다. 시간을 어떻게 사용할지 의도하는 바가 명확하지 않다면 자기 시간을 어이없이 빼앗기거나 줘버릴 수 있다.

반대로 다이어리가 깔끔하게 정리된 일정들로 빡빡하고, 매일 매시간 꼼꼼하게 내용이 표시되어 있다면? 확실히 자기 시간에 대한 통제력이 훨씬 커질 것이다. 이런 식으로 파워 아워는 알게 모르게 사라져가는 우리의 시간을 되찾게 해준다. 나는 사람들에게 파워 아워를 이야기할 때마다 의도적으로 '되찾는다'라는 표현을 쓴다. 뭔가를 되찾는다는 것은 예전에 잃어버렸거나 빼앗겼던 '소중한 내 것'을 다시 돌려받는다는 뜻이기 때문이다.

이번 주에 무엇을 하고 싶은가? 그중에 시간이 없어서 할 수 없는 일은 무엇인가? 혹시 되찾은 시간으로 그 일을 할 수 있지 않을까?

하루는 24시간, 그리고 일주일은 168시간이다. 만일 아침 9시부터 오후 6시까지 9시간 일한다고 했을 때 월요일부터 금요일까지 5일간 총 45시간이 된다. 그리고 하루 평균 8시간 잔다고 하면 일주일에 56시간이 된다.

일하는 시간 45 + 잠자는 시간 56 = 101

좋다. 아직도 67시간이 남았다. 뭐라고? 그래, 맞다. 168-101=67시간이다. 숫자는 거짓말을 하지 않는다.

자, 여기서 출퇴근 시간으로 일주일에 6시간을 더 빼자. 또 매일 밤 1시간 동안 TV 시청으로 총 7시간도 빼보자.

67-6-7=54

그래도 여전히 54시간이 남았다. 이틀하고도 6시간이 남은 것이다.

처음 이 계산을 해봤을 때 나는 기가 막혀서 헛웃음이 나왔다. 그리고 그때부터 '시간이 없어서 못 했다'라는 말은 절대 하지 않기로 했다.

요는 우리 대부분이 시간을 제대로 관리하지 못하고 있으며, 그 결과 많은 시간을 낭비한다는 것이다. 물론 매일매일 시간 단위로 빡빡하게 일정을 잡는 것은 현실적이지도 않을뿐더러 별 도움도 안 되기에 일종의 여백이 필요한 것도 사실이다. 하지만 소중한 뭔가를 하기 위해 최소한 하루의 첫 1시간 정도는 할애할 수 있지 않을까?

하루 첫 1시간의 파워 아워는 세상 그 누구에게도 줄 수 없는 오직 나만의 시간이다. 날마다 자신만을 위해 첫 1시간을 쓰는 것이 이기적이라고 생각한다면, 미안하지만 그 생각은 틀렸다. 비행기를 타면 다른 사람에게 산소마스크를 씌워 주기 전에 자기부터 먼저 쓰라는 안내 방송이 나온다. 먼저 자신을 돌볼 수 있어야 다른 사람들도 돌볼 수 있다. 시간에 대해서도 마찬가지 법칙이 적용된다. 우리는 늘 자기보다 남을 위해 헌신하는 것이 고귀하고 품위 있는 일이라고 배워왔다. 하지만 이런 점도 따져보자. 만일 당신이 수술을 받아야 한다면, 담당의가 충분히 휴식을 취해서 정신이 맑은 상태이길 원하는가, 아니면 이타심이 넘쳐 사흘 밤 연속으로 늦게까지 일하느라 지쳐버린 의사이면 좋겠는가?

당신이 일정 시간과 에너지를 되찾아 자신에게 투자한다면 결국 당신의 건강, 인간관계, 아이들, 그리고 일, 이 모든 것들이 그로 인해 혜택을 받을 것이다. 내가 갖지 못한 것을 다른 사람들에게 줄 수는 없다.

"그런데 하루의 첫 1시간이 과연 내 인생에 어느 정도 변화를 일으킬까요?"

기다렸던 질문이다.

'1%의 법칙'을 안다면, 작은 변화들이 쌓여 결국 모든 것을 바꿀 수 있다는 사실도 알 것이다. 이 혁신적인 개념은 영국의 사이클 코치

였던 데이브 브레일스포드 경(Sir Dave Brailsford) 덕분에 세상에 널리 알려지게 되었다. 그는 사이클 선수들의 취약점 중에서 가장 미세한 부분, 즉 1%의 향상에 모든 노력을 쏟아붓기로 했다. 처음에 사람들은 그의 방식을 조롱했지만, 나중에는 부인할 수 없는 결과를 목격하게 되었다. 브레일스포드의 사이클링팀(Team GB)이 2008년과 2012년 올림픽에서 각각 8개의 금메달을 획득하면서 사이클링팀 가운데 가장 많은 메달을 차지한 것이다.

1%의 향상이 그 정도라면, 삶의 변화를 위해 하루의 약 4%에 해당하는 1시간을 투자한다면 어떻게 될까? 나는 그 1시간이 인생의 대변혁까지는 아니더라도 분명 엄청난 변화를 가져온다고 확신한다.

내가 바로 산증인이니까.

딥 워크 능력을 키우는 법

파워 아워는 반드시 하루의 첫 1시간이어야 한다. 눈을 뜨자마자 파워 아워를 시작해야 생활 속에서 그 일의 중요성이 강조되고 최우선 순위로 삼게 된다. 그리고 또 하나, 파워 아워로 인해 우리는 게으름이라는 최고의 악습마저 뜯어고칠 수 있다. 알다시피 게으름이란 '중요한 일을 가장 마지막 순간까지 미루는 습관'이다. 그런데 왜 그렇게 끝까지 미루는 것일까? 이유는 다양하지만 크게 다음 세 가지 경우가 가장 전형적일 것이다.

너무 버거운 일이라서

잘하지 못하는 일을 어떡하든 꼭 해야만 할 경우, 그 일에 압도되어 점점 더 어렵게 느껴진다. 예컨대 금융 관리를 잘하지 못하는 사람은 연말 정산을 마감일까지 미루곤 한다. 그 일을 꼭 해야만 한다는 생각 자체만으로도 몸서리쳐지기 때문에 계속 미루고 또 미루는 것이다. 하지만 분명한 것은 결국 그 일과 정면으로 맞닥뜨리는 날이 반드시 오게 된다는 사실이다.

그때와 달리 지금은 하기 싫어져서

전에는 하겠다고 했지만, 막상 해야 할 시간이 다가오면 '그때 내가 왜 그랬지?' 하며 후회할 때 우리는 그 일을 자꾸 미루게 된다. 몇 년 전에 나의 비즈니스 코치가 이 문제에 대해 환상적인 조언을 해줬다. 만일 누군가 당신에게 뭔가를 부탁했을 때 그 일이 몇 주 안에 끝내야 하는 일이라면 대답하기 전에 자기 자신에게 이렇게 물어보라는 것이다.

'내일 당장 이 일을 해야 한다면 내가 하겠다고 대답할까?'

나는 무릎을 쳤다. 맞다. 내일 당장 그 일을 해야 한다는 생각에 설레지 않는다면, 2주 후에는 더더욱 열정을 느끼지 못할 가능성이 크다.

재미있는 일이 우선이라서

사람들은 중요하거나 따분한 일보다는 재미있거나 즉시 보람을 느낄 수 있는 일들을 우선시한다. 그러면서 일부러 마지막 순간까지 미루는 게 아니라 다른 일들이 너무 많아서 지금 경황이 없을 뿐이라고 변명한다.

그런데 파워 아워가 이 모든 게으름을 극복할 수 있게 해준다고? 어떻게?

간단하다. 먼저 일주일 중 하루를 고른다. 그리고 그날의 첫 1시간, 즉 파워 아워를 '개구리 삼키기'에 쓰는 것이다. 잠깐, 잠깐! 정말로 개구리 한 마리를 삼키시려고? 아니, 내 말은 미루고 또 미뤄온 일의 목록 중에서 죽도록 하기 싫은 일 한 가지를 정한 뒤 파워 아워를 이용해서 오로지 그 일 하나만을 해치우라는 얘기다. 마치 눈 딱 감고 개구리 한 마리를 삼키듯이 말이다.

이 '개구리 삼키기' 전술은 나중에 허비하게 되는 많은 시간과 스트레스를 절약하게 해줄 것이다. 시간이 현금이라면 게으름은 신용카드다. 오늘 원하는 만큼 많이 쓸 수 있지만, 결국에는 그 비용을 내야만 한다. 일어나자 끔찍하게 싫어하는 일을 한다는 게 썩 좋은 생각처럼 들리진 않겠지만, 한 번 해치우고 나면 속이 뻥 뚫리면서 너무도 홀가분하고 자유로운 기분을 온종일 누릴 수 있을 것이다.

앞서 파워 아워를 이야기할 때 나는 몇 시에 일어나건 하루의 첫 1시간이기만 하면 된다고 말했다. 그런데 솔직히 말하면 최대한 이른 시간일수록 좋다. 개인적으로는 오전 6시 이전이 딱 좋은데, 왜냐하면 세상이 아직 잠에서 깨지 않은 시간이기 때문이다. 혹시 직업적으로 활동 시간대가 다르다면, 전화나 문자메시지도 오지 않고, 어디에도 정신을 빼앗기지 않은 채 온전히 나에게만 집중할 수 있는 시공간을 마련해보자.

과학자이면서 작가인 칼 뉴포트(Cal Newport)는 현대인들이 갈수록 딥 워크(deep work) 능력을 잃어가고 있다고 주장한다. 딥 워크란 '어렵고 힘든 일에 오랫동안 집중하는 능력'을 뜻한다. 그는 말한다.

"딥 워크를 연습하면 일을 훨씬 더 잘하게 될 것이며 더 적은 시간으로 더 많은 것을 성취할 수 있습니다. 누구나 테크놀로지를 버리고 따분함을 수용하면 딥 워크 연습이 가능합니다."

그럼 혹시 한 번에 두 가지 이상의 일을 수행하면 시간을 더 절약할 수 있지 않을까? 천만에, 오히려 효율성이 떨어진다. 멀티태스킹이 인지 기능과 생산력을 최대 40%까지 떨어뜨린다는 연구 결과도 무수히 많다. 한 가지 일을 하다 말고 다른 일로 옮겨갈 때마다 뇌가 다시 집중하려면 그만큼 시간이 걸리게 마련이다.

그런데 오전 5시 30분엔 어떨까? 솔직히 그 시간에 소셜 미디어를 둘러보거나 누군가와 채팅하고 싶은 유혹이 그다지 크지 않다. 따라서 딥 워크를 훨씬 더 쉽게, 집중적으로 실행하는 것이 가능하다. 누구도 그 시간에 당신이 온라인에 접속해 있거나 연락 가능한지 관심은커녕, 깨어 있을 것이라는 기대조차 하지 않는다. 하지만 시간이 늦어지면 늦어질수록 그런 환경을 조성하기가 상대적으로 어려워진다. 그러니 공부나 집중력을 요하는 일일수록 파워 아워의 목록에 올려 이른 시간에 해치우길 권한다.

파워 아워가 진행되는 동안에는 전화기도 멀찌감치 놔두고 인터넷 브라우저와 탭도 모두 닫아버리자. 어디에도 정신을 빼앗기지 않는 1시간, 그 시간에 얼마나 많은 일을 해낼 수 있는지 직접 확인해 보면 아마 깜짝 놀랄 것이다. 이렇게 되면 언제나 차분한 상태로 하루를 시작할 수 있다. 처리해야 할 중요한 일들을 가장 먼저 해치우고 나면 그때부터는 상황에 반응하기보다 상황을 앞서서 주도하게 되며 마침내 그날 하루를 나의 것으로 만들 수 있다. 기분? 당연히 좋을 수밖에 없다. 해 뜨기 전 1시간 동안의 딥 워크 덕분에 나중에 비효율적으로 허비했을지도 모를 2시간 이상을 아꼈으니 당연히 기분 좋을 수밖에.

목표를 손에 쥐고, 만지고, 느껴라

이미 매일 아침 일찍 일어나고 있고 목표도 정했다면, 어떻게 해야 저 멀리 있는 목표를 좀 더 현실적이고 실현 가능한 것으로 만들 수 있을까? 목표를 설정할 때 나는 다음 다섯 가지 규칙을 순서대로 따른다.

1. 선명하게 다듬기
2. 기한 정하기
3. 널리 퍼뜨리기

4. 평가하고 검토하기

5. 묻고 요청하기

선명하게 다듬기

만일 당신이 활을 쏜다면, 흐릿한 과녁과 선명한 과녁 둘 중에 어느 쪽을 겨냥할 것인가? 그 과녁이 바로 목표다. 목표가 선명하고 명확하지 않으면 초점을 제대로 맞출 수 없다. 막연히 '창업하고 싶다'라거나 '건강해지고 싶다'라는 식의 모호한 목표로는 매일 아침 6시에 벌떡 일어나기 힘들지 않을까? 원하는 것이 정확하게 무엇인지, 왜 그것을 원하는지 알아내려면 자기 내면으로 좀 더 깊이 들어갈 필요가 있다. 첫 번째 단계는 자신에게 다음 네 가지 질문을 던져보는 것이다.

'왜 그것을 하고 싶은가?'

'누가 그로 인해 이득을 얻는가?'

'어떻게 그것을 달성할 것인가?'

'무엇이 그것을 실현하는 데 방해하거나 가로막을 수 있는가?'

그래도 여전히 목표의 핵심에 도달하지 못했거나 첫 번째 질문에 대한 답을 찾는 중이라면, 자신에게 '왜'라는 질문을 다섯 번 던져보라.

▶ '왜?'라고 다섯 번 묻기

목표: 나는 책을 쓰고 싶다.

▶ 왜 책을 쓰고 싶은가?

왜냐하면 책을 쓰는 것이 더 많은 사람에게 다가갈 수 있는 좋은 방법이기 때문에.

▶ 왜 더 많은 사람에게 다가가고 싶은가?

내 생각과 파워 아워의 개념을 공유하기 위해서다.

▶ 왜 파워 아워의 개념을 공유하고 싶은가?

파워 아워가 내 인생에 대변혁을 일으킨 만큼 그것을 공유하면 많은 이들이 자신의

목적을 추구하고 원하는 삶을 살 수 있을 것이므로.

▶ 왜 사람들이 원하는 삶을 만들 수 있도록 독려하고 싶은가?

대부분 너무 작은 목표를 세우거나 자기 능력을 제한하기 때문에 자신이 지닌 잠재

력을 100% 활용할 기회조차 얻지 못한다고 믿기 때문이다.

▶ 왜 그렇게 믿는가?

나도 마찬가지였고, 마음속 깊이 내 인생을 돌아보며 후회하게 될까 봐 두려워하는

마음을 가지고 있다. '나는 항상 ~를 하고 싶었는데 기회가 없었어'라는 말을 나는

절대로 하고 싶지 않다.

자신에게 '왜?'라는 질문을 다섯 번 던지고 하나하나 대답하다 보면, 마치 계단을 오르듯 목표의 실체에 점점 가까이 다가가게 될 것이다.

실제로 나는 단 한 번도 책을 써본 적이 없었고, 그게 쉽지 않다는 것도 알고 있었다. 그러니 애초에 목표를 모호하게 설정했더라면 책을 쓰는 내내 힘을 얻고 집중할 수 있을 만큼의 동기를 기대하긴 어려웠을 것이다. 그리하여 어느 토요일 아침 5시 30분, 주방 테이블 앞에 앉아 노트북 컴퓨터를 켜고 글을 쓰기 시작했을 때, 나는 위의 질문과 답을 이미 염두에 두고 있었다. 그리고 이런 상상을 해야 했다.

'누군가 이 책을 읽으면 그 내용이 마음속에서 울려 퍼지게 될 거야.'

단 한 사람이라도 이 책을 읽고 행동을 취하여 인생에 의미 있는 변화를 일으킨다면 나는 내 목적을 달성한 것이다. 바라건대 지금쯤 당신 마음속에도 그런 구체적인 목표가 세워져 있기를 바란다. 왜, 누가, 어떻게, 그리고 무엇을 해야 할지 당신은 이미 알고 있다. 그럼 이제 당신이 해야 할 일은?

기한 정하기

당신은 지금 출발선에 서 있고, 이제 곧 힘차게 첫발을 내디딜 것이다. 그런데 잠깐, 결승선은 어디인가? 트랙을 몇 바퀴 돌아야 결승선이 나타나는지 알고는 있나? 나는 어떤 일을 하건 반드시 기한을 정한다. 그래야 동기부여가 되고, 무엇보다 내 시간의 우선순위를 정할 수 있기 때문이다. 예컨대 다음 대회까지 3주가 남았다면 나는 매일매일 훈련을 거르지 않을 것이다. 하루도 훈련을 거르지 않기 위해 이미 정해진 다른 일정 중에 바꿀 수 있는 것은 기꺼이 바꿀 것이다.

하지만 당면한 목표나 기한이 정해지지 않았을 땐 더 중요한 우선순위를 위해 훈련을 거를 가능성이 크다. 현실적인 결과가 따르지 않으면 훨씬 덜 중요하게 느껴지기 때문이다.

사람들은 대부분 빨리 끝낼 수 있는 일이라도 주어진 시간에 딱 맞춰서 끝내는 경향이 있다. 그러니 목표가 무엇이건 기한을 정하되 가능한 구체적으로 정하기를 권한다. 대략 6개월? 너무 모호하다. 날짜를 딱 지정해서 달력에 빨갛게 표시해놓자. 구체적인 압박이 느껴져야 그 일을 우선시하게 될 테니 정확히 몇 달, 몇 주, 며칠이 걸릴지 계산한 다음 일을 시작하자. 만약 당신이 마지막 순간까지 일을 미루는 습관을 지니고 있다면 실제 기한보다 한 주 이른 '거짓 기한'을 설정하라. 그 기한에 맞춰 모든 것을 조정하고 문자 그대로 이 거짓 기한이 고정된 날짜임을 스스로 믿도록 하라. 이런 식으로 하면 실제 기한

이 다가왔을 때 마땅히 누려야 할 휴식 시간을 가질 수 있거나, 아니면 일주일에 걸쳐 그동안 했던 것을 점검하고 더 완벽하게 만들 수가 있다. 게다가 설령 거짓 기한에 맞춰 마감하지 못한다 해도 일주일이라는 히든 타임을 더 가지게 된다.

주변에 알리기

마음속으로 누군가를 떠올려보자. 그는 당신이 성공하길 진심으로 바라는 친구, 혹은 동료이며 당신이 신뢰하는 인생의 이사진이다. 그들에게 당신의 목표와 목적을 말해보자. 이것은 매우 중요한 일이다.

무엇보다 책임감이 뚜렷해진다. 친구들에게 새로운 사업 아이디어를 알린다는 것은 그만큼 당신의 목적과 목표가 구체적으로 다듬어졌다는 뜻이며, 당신은 그들을 만날 때마다 어느 정도 진척을 보여야 한다고 느끼게 될 것이다. 왜냐하면 친구들이 이렇게 물어올 테니까.

"참, 그때 말했던 그 일, 어떻게 돼가? 잘 진행되고 있지?"

이런 종류의 책임감이 누군가에게는 설레는 자극제가 되기도 하고 누군가에게는 압박감으로 작용할 수도 있다. 따라서 책임감이 자신의 목표에 가까이 다가가도록 도와줄 것인지 아닌지는 오로지 당신 자신만이 알 수 있다. 내 경우엔 더 많이 알리면 알릴수록 힘이 난다. 사실 내게 어떤 아이디어가 떠올랐는데 일주일 내내 누구에게도 말하지 않았다면, 그건 내가 그 아이디어를 진심으로 흥미롭게 생각하지 않았다는 뜻이기 쉽다. 어쩌면 그보다 더 멋지고 신나는 일에 시간과 에너지를 투자해야 한다는 경고일 수도 있다.

당신의 이사진 중 누군가에게 당신의 목표를 꼭 알려주자. 그들의 의견을 묻는 것인가? 그들이 당신의 아이디어가 좋지 않다고 말하면 화나거나 불쾌하게 여길 것인가? 아니면 아이디어를 추진하려고 이미 마음은 먹어놓고 그저 반응 테스트의 대상이 될 만한 누군가가 필요해서인가? 상대가 이 분야에 경험이 있어 지원과 안내를 해줄 수 있을 것 같아서 그를 선택한 것인가? 원하는 반응을 듣지 못했을 때 낙담하거나 탈선하지 않도록 처음부터 기대치를 설정하라. 당신의 특정한 목적에 대해서 알려줄 가장 좋은 사람이 누구인가?

평가하고 검토하기

당신은 구체적인 목표와 기한을 정했고, 그 사실을 친구에게 알렸으며 지난 여섯 주 동안 열심히 일해왔다. 그럼 이제 잠시 하던 일을 멈추고 어디쯤 왔는지 살펴보길 바란다.

어느 단계까지 왔는지 평가하면서 그동안 무엇이 효과가 있었고, 또 그다지 효과가 없었던 것은 무엇인지 검토해 보자. 이 목표의 최종 결과가 건강이건 돈이건 승진이건 실질적이고 수량화할 수 있는 방식으로 성공을 측정할 수 있어야 한다. 올바른 방향으로 잘 가고 있는지 한눈에 알아볼 수 있도록 객관적인 진척도를 그려보자. 진척 여부를 어떻게 측정할 것인가? 조정하고 개선하기 위해 알아야 할 정보는 무엇인가? 너무 급히, 과도하게 진행하고 싶은 유혹을 떨쳐버려라. 자칫하면 항로에서 이탈할 수 있다.

무엇보다 바로 지금이야말로 피드백을 얻고 자체평가를 하기에 딱 좋은 시점이다. 심리학자인 타샤 유릭 박사(Dr. Tasha Eurich)에 따르면 사람들의 95%가 자기 인식을 하고 있다고 생각하지만, 실제로는 고작 10%에 불과하다고 한다. 이는 꽤 충격적인 수치이다. 다행스럽게도 그녀는 이런 말을 덧붙였다.

"연구를 통해 아주 분명하게 알 수 있는 한 가지는 우리 모두 학습을 통해 자기 인식을 더욱 잘할 수 있다는 점이죠."

그녀가 정의하는 자기 인식이란 '자신을 좀 더 명확하게 보고자 하는 의지와 기술'이다. 자기 인식은 또 '내면적인 자기 인식'과 '외부적인 자기 인식'으로 구분된다. 먼저 내면적인 자기 인식은 자기 자신을 속속들이 이해할 때 가능한 것이다. 이는 내가 누구이고, 나의 가치가 무엇이며 나만의 고유한 강점과 약점이 무엇인지를 이해하는 것이다. 외부적인 자기 인식도 똑같이 중요하다. 이것은 외부에서부터 안쪽으로 향하는 것으로, 다른 사람들이 자신을 어떻게 보는지 이해하는 능력이다.

이 두 갈래의 자기 인식이 서로 전혀 다른 것이라는 사실을 알았을 때 나는 놀라지 않을 수 없었다. 실제로 내면적인 자기 인식은 정확하지만, 외부적인 자기 인식은 완전히 틀릴 수도 있고 또 그 반대일 수도 있다. 예컨대 친구들이 '너는 언제나 지나치게 경쟁적이야'라고 말할 때 당황하거나 놀란다면, 그것은 외부적 자기 인식을 다시 점검해야 한다는 뜻일 수 있다.

유릭 박사의 연구에 따르면 자기 인식 척도에서 높은 점수를 받은 사람들일수록 소통 능력과 리더십이 뛰어나고, 더 바람직한 부모가 될 가능성이 크고, 거짓말을 하거나 속이거나 남의 것을 훔칠 가능성은 상대적으로 작다고 한다.

자기 인식 능력을 높일 수 있는 한 가지 방법은 다양한 사람들로부터 피드백을 받는 것이다. 다소 버겁게 느껴질 수도 있겠지만, 마음을 열고 피드백을 받는 이유가 자신의 능력을 높이고 인생의 목적에 좀 더 가까이 다가가게 하기 위한 것임을 기억하자. 가능한 한 전반적으로 이해하기 위해 사람들에게 긍정적인 피드백과 부정적인 피드백을 모두 물어보라. 약점과 강점 모두가 중요하니까.

묻고 요청하기

필요하다면 누군가에게 도움을 요청할 수 있어야 한다. 어떤 상황에서든 가장 많이 물어보는 사람이 결국은 가장 많이 배우기 마련이다. 사람들이 흔히 빠지는 함정이 있는데, 그것은 뭔가를 성취하면 성취할수록 도움을 요청하는 일이 줄어든다는 점이다. 지나친 자신감,

혹은 자존심 때문일 텐데 솔직히 나는 기꺼이 도움을 청하는 사람이야말로 뭔가를 제대로 해내는 사람이라고 생각한다. 내가 모든 답을 다 가지고 있지는 않다는 것을 인정하는 것은 또한 겸손함을 나타내는 것이며, 이를 명심하면 어느 정도 압박감이 덜어질 것이다. 다른 사람들에게 도움을 청할 때 나는 아주 간단한 방법을 따른다.

첫째, 적절한 사람인가? 즉 상대방이 당신에게는 없는 기술이나 지식을 지녔는지 알아야 한다.

둘째, 적절한 시간인가? 금요일 오후 내내 힘든 회의를 마치고 돌아온 남편에게 기조 연설문을 봐달라고 요청하는 것은 아무래도 때를 잘못 맞춘 것이다. 상대방의 상태를 고려해서 당신을 도와줄 생각이 있고, 도와줄 수 있는 순간을 선택하라.

셋째, 조건을 내걸거나 기대치를 두지 말고 요청하라. 누군가에게 도움을 청하는 것은 요청이지 절대로 지시가 아님을 명심하라. 상대방은 당신의 요청에 반드시 응하지 않아도 되는 사람인 만큼 설령 거절하더라도 개인적인 앙심을 품거나 화를 내서는 안 된다. 어쩌면 당신을 온전히 도와줄 시간이 없거나 혹은 도와주고 싶지 않을 수도 있지만, 이유가 무엇이든 잊어버리고 계산하지 말라. 그리고 도움을 청하는 이유에 대해서 절대 거짓말을 해선 안 된다.

한번은 누가 내게 자선단체를 위한 기금 마련을 위해 포르투갈에서 열리는 하프 마라톤에 참가해 달라는 요청을 해온 적이 있었다. 나

중에 알고 보니 내가 참가하겠다고 동의하기도 전에 이미 내 이름과 사진을 행사 홍보용으로 사용하고 있었고, 그걸 이용해서 내 친구들 몇 명까지 참가하도록 설득해 놓은 것이었다. 솔직히 그들이 처음부터 나를 찾아온 이유를 정직하게 밝혔다면 나도 선뜻 도와줬겠지만, 일이 이렇게 되고 보니 그들과 함께 협력하는 것을 주저하게 되었다.

나는 목표가 생겨날 때마다 이 다섯 가지 규칙을 따른다. 그리고 이 시스템 덕분에 더 빨리, 더 많은 것을 달성할 수 있었다. 무엇보다 이 시스템이 좋은 것은 목표를 향해 가는 동안 아무리 새롭고 눈부신 뭔가가 생겨도 그쪽으로 한눈을 팔지 않게 도와준다는 점이다.

파워 아워 활용법 세 가지

이변이 없는 한 나는 매일 오전 5시 반에 일어난다. 그리고 나만의 파워 아워를 이렇게 시작한다.

알람이 울리기 전에 눈을 뜬다.

일어나자마자 욕실로 가서 찬물로 세수한다.

창문을 열고 10~12번 정도 빠르게 코로 호흡한다.

이때 내면에서도 나만의 리추얼이 시작된다. 코로 숨을 들이마시고 내쉬는 동안 오늘 하루 나를 감싸줄 의미 있는 단어나 짧은 문구를 떠올린다. 이를테면 '좋은 것만 보기'처럼 간단한 문구라도 좋다. 이런 날은 온종일 무슨 일이 벌어지건, 일이 어떤 방향으로 진행되건, 누구를 만나고 어떤 연락을 받건 그저 좋은 것만 보려고 노력하게 된다. 1, 2분 동안만이라도 좋은 것에 집중하면 어느새 마음가짐이 달라진다.

문구가 아닌 한 가지 단어에만 집중할 때는, '용기'처럼 강력하고 단순한 단어가 좋다. 큰 목표를 위해 달려갈 때 용기가 필요하고, 내 아이디어를 세상에 내놓는 데에도 용기가 필요하며, 어려운 일들을 할 때도 용기가 필요하다는 점을 스스로 일깨울 수가 있다.

이 모든 것을 수행하는 데는 3분도 채 걸리지 않는다. 그런 다음 나는 아래층으로 내려가 다음 중 한 가지를 시작한다.

60분 동안 딱 한 가지만 하기

파워 아워 1시간 동안 딱 한 가지 일에만 온전히 전념한다. 달리기도 좋고 독서, 서류 검토, 심지어 청소나 요리가 될 수도 있다. 무엇을 선택했건 오직 그 한 가지 일만 하는 것이다. 내가 파워 아워를 시작할 때 처음 시도한 것도 바로 이 방법이다. 단순하지만 효과가 있다. 봄과 여름에는 주로 조깅을 했는데, 달리면서 팟캐스트나 오디오북을 들을 수도 있다. (작년 한 해 동안 49권의 오디오북을 들었다!)

30분씩 두 가지만 하기

두 종류의 활동을 30분씩 나눠서 한다. 가령 처음 30분은 몸의 활동을, 다음 30분은 마음의 활동을 수행하는 식이다. 나는 첫 30분 동안 주로 요가나 필라테스 동작으로 코어를 활성화하는 편이다. 이 활동은 스스로 자신을 제대로 통제하고 있다는 느낌을 일깨워준다. 그런 다음 전신 스트레칭과 스쿼트, 런지, 플랭크, 그리고 팔굽혀펴기를 연속으로 시행한다.

30분 동안 집중적으로 운동하고 나면 몸의 에너지가 살아나고 잠은 완전히 깨며 결정적으로 마음의 스위치가 켜진다. 그럼 나머지 30분은 일지를 쓰는데, 주로 '하고 싶은 일', '해야 할 일', 혹은 텅 빈 노트에 떠오르는 생각을 그냥 적어 내려가기도 한다.

20분씩 세 가지만 하기

세 종류의 활동을 20분씩 나눠서 한다. 20분은 운동, 20분은 마음챙김, 나머지 20분은 다른 일을 하는 식인데, 많은 사람이 이 방법으로 큰 효과를 체험한 바 있다. 처음 20분의 운동은 심박수를 높이고 신체에 산소 공급을 원활하게 해주는 것이면 어떤 것이든 상관없다. 파워 워킹이나 조깅을 추천한다.

다음 20분은 명상이나 일지 기록 등 하루를 시작하기 전에 차분한 순간을 보낼 수 있는 것이면 무엇이든 좋다. 그리고 마지막 20분은 일상 활동에 관한 일을 한다. 해야 할 일 중에 20분 이내로 할 수 있는 것이 있는가? 혹은 그동안 미뤄왔던 일 중에 하루를 좀 더 잘 보낼 수 있도록 아침에 할 만한 것이 있는가?

하루의 첫 1시간을 어떻게 활용할지에 대해 한 가지 조언을 하자면, 하루 전에 (피곤한 전날 밤이 아니라 그 전에) 계획해서 전념하라는 것이다. 1시간은 사용 방법에 따라 긴 시간일 수도, 짧은 시간일 수도 있다. '다음엔 뭘 하기로 했더라?' 같은 질문으로 소중한 시간을 허비하고 싶지 않다면, 잘 짜인 계획표가 큰 도움이 될 것이다.

또 한 가지 덧붙이자면, 첫 1시간 동안 나는 웬만해선 핸드폰을 켜지 않는다. 전화뿐만 아니라 TV나 인터넷 등 세상과의 연결 자체를 차단하는 편이다. 거듭 강조하다시피 이 시간은 오로지 나 혼자만의 시간이기 때문이다. 처음 파워 아워 팟캐스트를 시작할 때부터 현재까지 나는 프로 풋볼 선수들, 인기 작가, 저명한 의사, 심리학자, 창업 코치 등 수백 명에게 똑같은 질문을 해오고 있다.

"하루의 첫 1시간을 어떻게 보내세요?"

찬물 샤워, 수프 만들기, 서핑, 복싱, 모닝 파티, 셀러리 주스 마시기… 수많은 리추얼이 쏟아져 나온다. 분명한 것은 그들 모두 아침 일찍 잠자리를 박차고 나올 수 있는 자기만의 파워 아워를 한껏 누리고 있다는 점이다.

자, 이제는 당신이 당신만의 파워 아워를 만들 시간이다. 당신이 세운 목표에 집중하고 당신이 사랑하는 삶을 살아가기 위해서.

"당신에게 1시간이 더 주어진다면 그 1시간을 어디에다 쓰겠어요?"

팟캐스트를 마칠 때마다 나는 객석을 향해 이런 질문을 던진다.

"1시간 동안 책을 읽겠어요."

"가족이나 친구들한테 전화하겠어요."

"피아노 연습이요."

"명상이죠."

"창업 아이디어들을 하나하나 적어볼 겁니다."

대답은 천차만별이지만, 사람들은 그 1시간 동안 '자신이 하고 싶은 것'을 하겠다고 대답했다.

그럼 당신은 어떤가? 오늘부터 당신에게 1시간이 더 주어진다면, 당신은 그 시간을 어떻게, 무엇을 위해 쓰겠는가?

나의 삶을 더욱 사랑하는 시간

지금처럼 시간이 소중한 적은 없었다. 돈으로 더 많이 살 수 없는 유일한 것이 시간이다.

자신이 진정으로 사랑하는 인생을 만들고, 자신이 되고 싶은 또 다른 '나'를 만나기 위해 나와 함께, 이 책과 함께 일단 스스로에게 1시간을 할애하는 것으로 하루를 시작해보자. 피곤하고 귀찮은 마음에 마주하고 싶지 않은 일들이 분명 있지만 그럴수록 즐겁게 만들 수 있는 방법을 찾을 필요가 있다.

매일 아침 디즈니랜드에 가는 것처럼 흥분되어 잠을 깨는 것은 아니지만 그래도 나는 일어날 때마다 기분 좋은 긴장감을 느낀다. 내가 사랑하는 인생을 만들어왔고, 만들고 있고, 그런 '좋은' 일들을 찾기로 선택했기 때문이다. 이 모든 매일의 움직임에 즐거움을 담으려고 노력하고 있다. 큰 일일 수도 있고 작은 일일 수도 있지만 어쨌든 그런 일들이 있다는 것을 알고 마주하려고 한다. 다이어리에 쓰인 스케줄을 보면 어서 그것들을 하길 고대하게 된다. 그렇기 때문에 첫 시간이 남은 하루에 대단히 중대한 것이다. 앞으로 발생할 일에 대한 분위기를 조성하기 때문이다.

인생을 변화시켜 주는 파워 아워의 장점을 일단 발견하고 나면 당신이 가졌던 의문이 '어떻게 하면 되지?'로 바뀌며 스스로에게 질문을 던질 수 있을 것이다. 그리고 우리가 변화의 불꽃을 일으키는 무언가를 발견하면 다른 사람들도 알아차릴 것이다.

더 많은 것을 할 수 있고, 더 많은 것을 성취할 수 있으며, 더 대단한 사람이 될 수 있는 모든 이들을 오늘도 나는 응원한다.

에이드리엔 허버트

옮긴이 고원

호주 멜버른대학교에서 심리학을 공부했고 주한호주대사관에서 근무했다. 현재 출판 전문 번역가로 왕성한 활동을 펼치면서 세계 곳곳에 숨어 있는 아름답고 좋은 책들을 국내 독자들에게 소개하고 있다. 옮긴 책으로는《1일 1페이지, 세상에서 가장 짧은 교양 수업 365 : 인물편》,《1일 1페이지, 세상에서 가장 짧은 교양 수업 365 : 현대문화편》,《언씽킹》,《피드백 이야기》,《확신의 덫》,《한 권으로 끝내는 심리학》,《리치웨이》 등이 있다.

파워 아워

초판 1쇄 인쇄 2022년 01월 07일 **초판 1쇄 발행** 2022년 01월 14일

지은이 에이드리엔 허버트
옮긴이 고원
펴낸이 이승현

편집1 본부장 배민수
에세이2팀장 정낙정
편집 김혜영
디자인 김준영

펴낸곳 ㈜위즈덤하우스 **출판등록** 2000년 5월 23일 제13-1071호
주소 서울특별시 마포구 양화로 19 합정오피스빌딩 17층
전화 02) 2179-5600 **홈페이지** www.wisdomhouse.co.kr

ISBN 979-11-6812-118-8 03190